KB273565

논어×중용 필사책

일러두기

- 이 책은 공자의 《논어(論語)》와 자사의 《중용(中庸)》에서 핵심이 되는 구절을 발췌하여 수록한 필사집이다.
- 모든 문장은 한문 원전에서 발췌하였고 가능한 한 원문에 충실하되 원문을 그대로 직역하기보다, 독자들이 이해하기 쉽도록 표현을 다듬었다. 일부는 직역보다 의미를 살리는 쪽을 선택하기도 했다.
- 책의 구성은 직역을 바탕으로 한 간결한 풀이, 한문 원문 그리고 훈음으로 이루어져 있다.

논어 論語 × 중용 中庸

필사책

孔子　　子思
공자 × 자사
지음

최종엽 편역

유노
북스

흔들리지 않는 나를 만드는
고전의 지혜

한동안 직장과 일이라는 굴레 속에서 인생과 철학을 꺼내기가 어려웠습니다. 박제된 맹수처럼 겉모습은 그럴싸했지만 속은 오래 굳은 점토처럼 말라가고 있었습니다. 그러니 말 한마디 작은 상처에도 핏대를 세우며 나를 지키기에 여념이 없었습니다. 콩알만 한 손해에도 밤잠을 이루지 못했습니다. 인생도 철학도 문득문득 궁금했지만 그에 대한 답을 얻기가 쉽지 않았습니다. 찾아가 물을 사람도 없었고, 누군가에게 묻기도 어색했습니다.

'나는 누구인가?'

'잘 사는 삶은 무엇인가?'

우리 인생에서 물을 질문은 이 두 가지를 크게 벗어나지 않습니다.

사람들은 수천 년 동안 이 질문에 답하기 위해 끝없이 사유하고 논쟁하며 길을 찾고자 했습니다. 누구는 고전을 읽고 누구는 역사를 읽으며 길을 물었습니다. 누구는 문학에서 누구는 종교에서 길을 물었습니다. 어떤 이는 답을 찾고 어떤 이는 아직도 묻기를 계속하고 있습니다. 저 역시 마찬가지였습니다.

그러던 중 오십의 나이를 넘기고 있을 때 고전이 저를 찾아왔습니다. 처음에는 《논어》가 다가오더니 다음에는 《순자》가 그다음에는 《중용》이 다가왔습니다. 《중용》과 《논어》를 읽으며 삶을 향한 어떤 실마리를 얻었습니다.

단단한 나를 되찾는 시간

《중용》을 읽고 쓰면서 저는 오랫동안 제 안에 찍힌 낙인을 지울 수 있었습니다. 스스로 내성적이고, 소극적이고, 성공과는 거리가 먼 사람이라고 규정한 생각은 뿌리 깊게 저를 붙잡고 있었습니다. 그러나 《중용》은 저에게 전혀 다른 이야기를 건넸습니다.

"하늘의 본성과 인간의 본성은 같으며, 그것은 바로 정성(誠)이다."

수억 년 동안 한 치의 흐트러짐도 없이 대자연을 움직인 힘이 정성이라면, 인간 또한 그 정성을 타고난 존재라는 뜻입니다. 인간은 나약한 존재가 아니라, 본래 하늘처럼 성실하고 깊은 잠재력을 지닌 존재라는 자사(子思)의 말 앞에서 저는 자신을 다시 바라보게 되었습니다.

마치, "자연 법칙과 인간 법칙이 다르지 않다. 하늘이 정성으로 자연을 부리듯 인간은 정성과 성실로 자신을 움직여야 한다. 우리는 누구나 정성껏 살아가기만 하면 반드시 잘될 수밖에 없는 존재다. 이것은 우리가 명심해야 할 한 가지다"라고 《중용》이 말하는 듯했습니다.

《중용》의 저자 자사가 내린 결론은 성즉성(性則誠)이었습니다. 사람은 누구나 정성스러운 본성을 지니고 태어났고, 그 본성을 믿고 살아갈 때 삶은 흔들리지 않는다는 뜻입니다. 그 말은 '나는 누구인가?'라는 질문에 희망을 심어 준 모범 답안이었습니다.

자사는 인간을 나약한 존재로 보지 않았습니다. 사람은 누구나 하늘처럼 정성스럽고 성실한 본성을 타고났으며, 자기 삶을 이끌 잠재력을 이미 지녔다고 보았습니다. 자사의 말에 따르면 인간은 원래부터 긍정적이며, 원래부터 무언가를 해낼 수 있는 존재입니다. 자신의 본성을 믿으면 곧 가능성이 생깁니다.

공자가 가르쳐 준 잘 사는 삶의 비밀

《논어》를 읽고 쓰면서 인생을 향한 두 번째 물음, '잘 사는 삶이란 무엇인가?'에 대한 답을 얻었습니다. 저는 오랫동안 나만 잘 살면 된다고 생각하며 살아왔습니다. 우리 가족만 행복하고 우리 마을만 안전하면 되는 줄 알았습니다.

회사에서는 우리 팀, 우리 부서만 문제없으면 되는 줄 알았습니다. 그래서 그렇게 살았습니다. 그렇게 오십이 지나자 저는 혼자가 되었습니다. 사람이 가득한 곳에서도 사람이 없는 무인도가 되었습니다. 삶의 의미도 즐거움도 없는 사막에 홀로 버려진 채 덩그러니 혼자였습니다. 그런데 우연히 《논어》를 읽고 쓰면서 인생이 왜 삐걱거리는지 알게 되었습니다. 잘 사는 삶이 무엇인지를 어렴풋하게나마 느끼게 되었습니다.

《논어》는 한마디로 인즉서(仁則恕), 즉 '사랑과 용서'였습니다. 잘 사는 삶의 기준은 인(仁)과 서(恕)에 있었습니다. 인은 두 사람이 모였을 때 서로 싸우지 않고, 서로 이해하면서, 포용하고 격려하면서 화합하며 살아가는 마음입니다. 자신이 서고자 할 때 다른 사람도 서게 하고, 자신이 이루고자 할 때 다른 사람도 이루게 합니다. 공자가 평생을 들여 노력했던 인의 세상이 바로 그런 세상이었습니다.

세상은 대부분 둘 사이의 관계로 구성되었습니다. 부부, 부자, 형제, 상사, 부하, 스승, 제자도 그렇습니다. 두 사람 사이에 인의 마음으로 사랑할 수 있다면 세상은 지금보다 열 배는 더 좋은 세상이 될 것입니다.

인을 실천하는 방법이 바로 '서'입니다. 서는 용서이면서 또한 내가

하기 싫은 일은 남에게 권하지 말라는 뜻입니다. 남에게 욕먹기 싫으면 나도 남을 욕하지 말아야 합니다. 다른 이가 짜증 부리는 일이 싫으면 나도 다른 이에게 짜증을 내지 말아야 합니다.

인간은 대부분 관계 속에서 존재합니다. 그러므로 나 하나 잘 사는 삶이란 없습니다. 내가 누군가에게 상처를 주면 관계가 흔들리고, 관계가 흔들리면 내 삶도 흔들립니다. 하지만 누군가를 세우면 나도 서게 되고, 누군가의 꿈을 돕다 보면 나의 꿈도 조금씩 더 가까워집니다. 공자가 서를 중요하다고 말한 이유가 여기에 있습니다. 사람과 사람 사이를 잇는 다리, 관계를 부드럽게 하고 공동체를 따뜻하게 만드는 힘, 이것이 바로 서입니다. 인간이 사회에서 살아가는 데 이것보다 더 중요한 덕목은 없습니다.

온전한 삶을 만드는 두 개의 기둥

서와 정성이 만나면 우리 삶은 한 단계 더 성숙하게 됩니다. 서는 타인을 향한 길이고, 정성은 나를 향한 길입니다. 서는 다른 이와의 관계를 살리고, 정성은 나와의 관계를 살립니다. 내 안의 정성이 깊어질수록 남을 이해하는 마음은 넓어지고, 남을 이해하는 마음이 넓어질수록 나도 더욱 투명해집니다.

　《논어》와 《중용》은 서로 다른 책처럼 보이지만 인간을 온전한 존재로 세우기 위한 두 개의 기둥입니다. 하나는 관계를, 하나는 존재를 붙듭니다. 이 두 책을 가슴에 새기면 삶은 복잡하지 않습니다. 내가 원하지 않는 것을 남에게 하지 않는 마음, 하늘처럼 정성스럽고 성실한 본성을 따라 살려는 마음. 이 두 마음이 우리의 삶을 지탱하고, 관계를 따뜻하게 하고, 나를 단단하게 합니다.

　삶을 살아가는 데 거창한 이론이나 복잡한 지식이 필요하지 않습니다. 남을 헤아리는 따뜻한 마음 하나, 스스로를 믿는 정성스러운 마음 하나면 충분합니다. 그 마음 하나가 사람을 세우고, 그 마음 하나가 사람을 이루며, 그 마음 하나가 결국 인생을 완성합니다.

손으로 사유하는 《논어》와 《중용》

　이 책어는 지금 우리에게 힘이 되는 논어 50구절, 중용 50구절을 실었습니다. 마음을 단단히 붙드는 문장만 고르고 또 골랐습니다.

　100개의 구절은 원문을 직역하여 그대로 두기보다 오늘의 삶에 더 닿도록 다시 풀이했습니다. 그래서 이 책의 구성은 저자의 풀이, 직역을 바탕으로 한 간결한 풀이, 한문 원문, 훈음이 함께 실린 형태입니다. 원문은 핵심을 더 또렷하게 느끼도록 원전에서 중점을 둔 글자만 남겨 실었습니다.

두 고전을 따라 닮아가려 한 저의 생각을 보며 여러분도 자신의 생각과 답을 천천히 풀어놓았으면 합니다. 그러면 왜 지금 이 구절을 읽어야 하는지 더 선명해질 것입니다.

필사는 누군가의 글을 그대로 따라 써 내려가는 단순한 행위처럼 보이지만, 그 안에는 생각을 깊게 하고 단단하게 하는 힘이 있습니다. 옛 선비들은 필사를 공부의 기초이자 마음을 닦는 수양의 방법으로 삼았습니다. 다산이 유배지에서 "필사는 공부의 첫머리이며, 그대로 베끼되 뜻을 잊지 말라"라고 한 이유가 여기에 있습니다. 필사는 글을 옮기는 행위가 아니라, 그 글을 쓴 사람의 정신과 호흡을 배우는 과정입니다.

필사는 사유의 폭을 넓혀 줍니다. 문장 하나하나를 손끝으로 되새기게 하고, 문장의 결, 글의 흐름, 단어의 배치가 새롭게 보이게 합니다. 글쓴이가 이 표현을 왜 썼는지, 무엇을 강조하고 싶었는지 자연스럽게 체득하게 됩니다. 사고가 정교해집니다. 필사는 베끼기가 아니라 손으로 사유하는 공부입니다. 좋은 문장은 기교로 만들어지지 않습니다.

필사는 글쓰기의 밑바탕을 튼튼하게 만드는 아주 오래된 기술입니다. 《논어》를 필사하면 공자의 명료한 문장 구조가 들어오고, 《중용》을 필사하면 자사의 생각이 따라옵니다. 필사는 '따라 쓰기'를 넘어 '따라 닮기'로 이어지는 공부가 됩니다.

필사는 마음을 안정시켜 단단하게 만듭니다. 필사는 시간을 느리게

만들고 정신을 집중하게 합니다. 그 자체로 마음의 수련이며, 혼란한

시대를 이기는 내면의 버팀목이 됩니다.

2025년 12월, 미사리에서

공도 최종엽

1부

삶의 길 《논어》

공자
孔子

01
오늘부터 내 길을 다시 걷는다

인생에 천명을 몰라도 문제없습니다. 환갑이 되어도 자신의 천명이 무엇인지 모르는 사람들이 적지 않습니다. 그래도 괜찮습니다. 현대인의 나이에 0.8을 곱해 적용해 본다면 63세에서 74세까지가 지천명을 이룰 나이입니다. 느려도 서서히 인생의 천명을 찾아 정하면 됩니다. 그러니 나이와 상관없이 모든 시간에 희망은 있습니다.

서른에 확고하게 섰으며 마흔에 의혹이 없었고
쉰에 천명을 알았으며 예순에 귀가 순해졌다.
三十而立 四十而不惑 五十而知天命 六十而耳順
삼십이립 사십이불혹 오십이지천명 육십이이순

〈위정편〉 4장

02
모두가 똑같은 곳에
도달할 순 없다

세상 어떤 인생도 헛되지 않듯 어떤 경력도 가치가 있습니다.

원하는 길을 걸어도 좋지만 뜻밖의 길에서 새로운 의미를 찾고,

얻지 못한 것 대신 자신만의 가치를 만들어 행복과 지혜를 얻었다

면 그 또한 충분히 아름다운 삶입니다.

삶은 모두 다르지만 우열은 없습니다. 어디에 서 있느냐보다 어

떻게 생각하고 어떤 가치를 만들려 노력하느냐가 의미 있고 아름

다운 인생을 만드는 기술입니다.

함께 배울 수는 있지만 모두 도를 행하는 데로 나아갈 수는 없으며
함께 도로 나아갈 수는 있어도 모두 설 수는 없으며
함께 설 수는 있어도 모두 권도를 행할 수는 없다.
可與共學 未可與適道 可與適道 未可與立 可與立 未可與權
가여공학 미가여적도 가여적도 미가여립 가여립 미가여권

〈자한편〉 29장

03
가야 할 길을 알고
일관되게 걷는다

나이가 들면 미숙함, 치열함, 흔들림도 줄어듭니다. 그러면 일관성 있는 일을 시작하기에 좋은 때가 되었다는 뜻입니다. 조금 더디어도 괜찮습니다. 문제는 시간이 아니라 선택입니다.

지금까지 일관성 없는 삶을 살았다면 지금까지 하고 싶은 일을 하며 살았다는 것을 의미하기도 합니다.

이제부터는 세상의 흐름에 흔들리지 않고 내가 정한 길을 일관되게 걸어야 합니다. 그렇게 오도일이관지(吾道一以貫之)라 말하는 삶을 살아갑니다.

나의 도는 하나로 꿰어져 있다.

吾道一以貫之

오도일이관지

〈이인편〉 15장

04
속도를 늦추고
방향을 맞춰야 한다

쉼 없이 달린다고 먼저 도착하지 않습니다. 먼저 도착한다고 더 많이 쉬고 더 즐거운 삶이 기다리지 않습니다.

인생은 속도가 아니라 방향입니다. 숨 막히게 달려온 속도를 잠시 늦추고 인생의 목표를 떠올려 봅니다. 이제부터는 내가 만족하고 더 오랫동안 할 수 있는 일에 집중해 봅니다. 화려한 성공은 장담할 수 없어도 더 단단한 미래를 그릴 수 있습니다.

빨리하려고만 하지 말고, 작은 이익을 보려고 하지 마라.
빨리하려고 하면 달성하지 못하고
작은 이익을 보다 보면 큰일을 이루지 못한다.
無欲速 無見小利 欲速則不達 見小利則大事不成
무욕속 무견소리 욕속즉부달 견소리즉대사불성

〈자로편〉 17장

05
스스로를
미워하지 말고 살라

우리는 순간순간 되돌아봐야 할 것이 있습니다. 누군가를 이유 없이 자주 헐뜯고, 반복해서 욕하고, 기본적인 예의조차 차릴 줄 모르고, 매사에 융통성이 없고, 자기의 편견을 인식하지 못하고, 남이 감추고 싶은 비밀을 밝히고 산다면 먼저 이것을 고치려 노력해야 합니다.

나이가 들수록 고치기가 어렵기 때문입니다. 인생을 살면서 순간 순간에 나를 빛나게 할 강점을 구축해야 합니다. 그것이 스스로 미워하는 마음에서 벗어나는 지름길입니다.

나이 사십에 미움을 보인다면 그것은 이미 끝난 것이다.

年四十而見惡焉 其終也已

연사십이견오언 기종야이

〈양화편〉 26장

06
꽃을 피웠다면
열매를 향해 나아간다

지금까지의 삶이 마음에 들지 않는다면 억울해서라도 한 번 더 힘을 내야 합니다. 지금이 바로 절호의 시간이기 때문입니다.

'인생이 무엇인가'라는 질문이 인문학의 시작입니다. '인생을 어떻게 살았는가?'라는 질문이 곧 역사입니다. '어떤 인생을 살아가는가?'라는 질문이 곧 문학입니다. '나는 누구인가?'라는 질문이 곧 철학입니다. '누구에게나 적용해도 좋을 지혜가 담긴 이야기는 무엇인가?'라는 질문이 곧 고전입니다.

싹은 트였으나 꽃을 피우지 못하는 경우가 있고
꽃은 피웠으나 열매 맺지 못하는 경우도 있다.
苗而不秀者有矣夫 秀而不實者有矣夫
묘이불수자유의부 수이불실자유의부

〈자한편〉 21장

07
흔들리지 않는 뜻이
삶의 방향을 만든다

나이가 들었다고 해도 시간이 부족하지는 않습니다. 뜻이 희미해서 가능성이 떨어질 수는 있어도 남은 시간이 부족하여 달성하지 못할 일은 거의 없습니다. 그동안 다양한 목표를 세우고 노력했지만 마음에 드는 결과를 얻지 못했다면 방법은 하나입니다. 가치 있는 뜻에 맞는 목표를 세우고, 시간이 걸리더라도 포기하지 않는 자세입니다. 흔들리지 않는 꿈을 만들어야 합니다. 꺾이지 않을 목표를 품어야 합니다.

삼군을 통솔하는 장수는 빼앗을 수 있으나
필부에게서 그 뜻은 빼앗을 수 없다.
三軍可奪帥也 匹夫不可奪志也
삼군가탈수야 필부불가탈지야

〈자한편〉 25장

08
돈이 아니라
사람이 오게 하라

어떤 사람은 돈이면 모든 것이 해결된다고 생각합니다. 돈을 벌기 위해 많은 것을 희생해도 그만한 가치가 있다고 생각합니다. 그래서 회사를 1순위, 가족을 2순위, 자신의 꿈을 3순위로 삼습니다. 그런데 돈으로 해결할 수 있는 것은 반밖에 되지 않습니다. 돈이 있으면 편안하겠지만 모든 것이 해결되지는 않습니다. 진짜 성공은 가까이 있는 사람을 기쁘게 하는 삶입니다. 먼 곳에 있는 사람이 나를 찾아오는 삶입니다.

가까이 있는 사람은 기쁘게 하고
먼 곳의 사람은 찾아오게 하라.
近者說 遠者來
근자열 원자래

〈자로편〉 16장

09
주는 일은 먼저 하고
얻는 일은 뒤로 하라

일하기 전에 미리 이해득실을 계산하지 못하면 멍청한 사람으로 취급당하곤 합니다. 그러니 어떤 이는 일을 시작하기도 전에 권력과 정보를 이용해 자기 몫부터 두둑이 챙기기에 급급합니다. 하지만 사람을 사랑하고 진심으로 대하는 사람, 자신의 이익보다 어려운 일을 먼저 해결하는 사람이 어진 사람입니다. 그러니 인이 어렵습니다. 이 어려운 인을 행하기만 하면 시대를 막론하고 특별한 사람이 되는 것입니다.

어려움을 먼저 하고 얻는 것을 뒤로 한다면 어질다고 할 수 있다.

仁者 先難而後獲 可謂仁矣

인자 선난이후획 가위인의

〈옹야편〉 20장

10
나이가 들수록
행동하는 용기가 필요하다

나이가 들수록 말이 아닌 행동을 보여 주어야 합니다. 꾸준한 행동의 반복은 성공적인 인생을 만드는 가장 오래된 비밀입니다. 우리 삶을 희극과 비극으로 가르는 기준은 명확한 목표와 행동입니다.

포기와 결심에도 용기가 필요합니다. 한 개를 선택하려면 아흔아홉 개를 포기하는 용기가 필요합니다. 목표를 세우고 간절히 집중하여 인생을 만들어야 합니다. 말보다 행동을 앞세워야 하는 이유입니다.

말보다는 행동을 앞세워라.
그러면 사람들은 너를 따른다.
先行其言 而後從之
선행기언 이후종지

〈위정편〉 13장

변함과 불변 사이의 좋은 삶

세상은 끊임없이 변합니다. 기술은 하루가 다르게 진화하고, 반도체와 AI는 우리 삶을 예측할 수 없을 만큼 빠르게 바꿔 놓습니다. 우리는 새로운 기기와 새로운 방법을 익히는 데 익숙하고, 더 편리한 도구와 더 효율적인 처세술, 더 빠른 성공 방법을 끝없이 찾아 다니며 살아갑니다. 변화의 속도는 늘 우리 삶을 재촉하고, 따라가지 못할까 두렵게 만들곤 합니다.

그러나 아무리 세상이 바뀌어도 변하지 않는 것이 있습니다. 사람의 마음, 관계의 어려움, 이해와 용서가 필요한 순간들, 사랑이 주는 기쁨과 상처, 외로움과 연결에 대한 갈망 그리고 서로를 향한 작은 배려가 만든 따뜻함은 시대가 바뀌어도 그대로입니다. 인문학과 고전이 오랫동안 사랑받는 이유도 여기에 있습니다. 기술은 늘 새로워지지만, 인간의 마음은 2,500년 전이나 지금이나 크게 다르지 않기 때문입니다.

우리는 빠르게 변하는 세상 속에서 종종 불안해집니다. 새로운 기술이 낯설고, 변화의 속도에 뒤처질까 걱정도 됩니다. 이때 변하지 않는 어떤 것이 필요합니다. 바로 사랑하는 사람을 향한 마음, 누군가를 이해하려는 태도, 옳은 일을 하려는 의지, 넘어져도 다시 일어서는 용기입니다. 이런 토대가 있을 때 변화는 두려움이 아니라 새로운 성장의 문이 됩니다.

좋은 삶이란 변화를 피하거나 변화에 휩쓸려 자신을 잃는 삶이 아닙니다. 변하지 않는 것으로부터 마음의 안정과 믿음을 얻고 그 중심으로 변화도 기꺼이 받아들이는 삶입니다.

기술은 삶을 편리하게 만들지만, 결국 우리를 지탱하는 것은 변하지 않는 마음의 힘입니다. 변화와 불변을 함께 품을 때 우리는 비로소 흔들리지 않는 자신만의 삶을 살아갈 수 있습니다.

11
더 나은 삶은
결국 나에게서 시작된다

지금 누군가를 원망한다면 타인에게서 원인을 찾고 싶기 때문입니다. 누구 때문이라는 핑계를 대고 싶다면 내가 약해졌음을 의미합니다. 내가 움직이지 않으면 세상은 아무것도 주지 않습니다.

누군가를 원망하고 핑계를 대는 것으로 인생이라는 어려운 문제는 해결 되지 않습니다. 오늘 핑계와 원망을 품고 일한다면, 더 나은 내일을 기대하기 어렵습니다. 그렇게 사람을 대한다면 성장하는 자신을 기대하기 어렵습니다.

군자는 자기에게서 찾고
소인은 남에게서 찾는다.
君子求諸己 小人求諸人
군자구저기 소인구저인

<위령공편> 20장

12

스스로 배우고 익혀
자기 삶의 리더가 되라

리더가 되기 위해 필요한 삼 단계는 학습, 관계, 단단한 마음입니다. 먼저 학습으로 실력을 키워야 합니다. 배우지 않고 리더로 선 사람은 없습니다. 다음은 사람들과의 관계입니다. 조화를 이루며 좋은 관계를 유지하는 역량을 키워야 합니다. 관계 속에서 리더의 그릇이 다듬어지기 때문입니다. 마지막으로 남들의 인정에 흔들리지 않고 묵묵히 나아가야 합니다.

배우고 때때로 익히니 기쁘지 아니한가.
친구가 먼 곳에서 오니 즐겁지 아니한가.
남이 알아주지 않아도 서운해하지 아니하니 군자가 아니겠는가.
學而時習之不亦說乎 有朋自遠方來不亦樂乎 人不知而不慍不亦君子乎
학이시습지불역열호 유붕자원방래불역락호 인부지이불온불역군자호

〈학이편〉 1장

13
생각하며 움직일 때
비로소 길이 열린다

올라가는 길은 늘 어렵습니다. 등산도 공부도 사업도 인생도 마찬가지입니다. 쉬운 일은 내려가는 일뿐입니다. 스스로 궁리하지 않는 사람은 아무리 오래 산다고 해도 좋은 결과를 얻기 어렵습니다. 혹여 그동안 "어떻게 하지?"라는 여지하(如之何) 정신을 잊고 살아왔다면, 지금이 바로 다시 시작할 때입니다. 내가 하지 않으면 앞으로 나아갈 수 없기 때문입니다. 공부도 사업도 인생도 다 그렇습니다.

어떻게 할까, 어떻게 할까라고 스스로 말하지 않는 사람은
나도 이미 어찌할 수가 없다.
不曰如之何如之何者 吾末如之何也已矣
불왈여지하여지하자 오말여지하야이의

〈위령공편〉 15장

14
스스로 원칙을 정하고 지켜라

인생에 정해진 답은 없습니다. 그러나 원칙을 지키는 삶, 특히 스스로 정한 인생의 원칙을 묵묵히 지켜 나가는 삶이 아름답고 행복한 삶입니다.

술을 마실 때도 마찬가지입니다. 주량을 조절하지 못한다면 원칙이라 할 수 없습니다. 공자가 말한 '고'라는 술잔처럼 말입니다. 원칙이란 거창한 것이 아니라 작은 선택에서 나를 잃지 않는 힘입니다.

비록 누구에게도 보이지 않는 약속일지라도 그 약속을 지킬 때 비로소 삶은 흐트러지지 않고 단단해집니다.

고가 고가 아니면 고이겠는가, 고이겠는가.

觚不觚 觚哉 觚哉

고불고 고재 고재

〈옹야편〉 23장

15
삶을 세우는 세 기둥은 명, 예, 말이다

삶이 안정되도록 이끌어가는 데에는 세 가지 기준이 필요합니다. 첫째, 인생의 목적입니다. 목적이 있어야 목표가 세워지고, 목표가 있어야 현실을 극복할 수 있습니다. 둘째, 함께 살아가기 위해 예(禮)가 필요합니다. 내가 상대를 인정하면 상대도 나를 인정합니다. 셋째, 말입니다. 상대의 말을 듣지 않는다면 상대의 생각을 알 수 없기 때문입니다. 말을 잘 들으려면 내 생각은 잠시 내려놓아야 합니다.

명을 알지 못하면 군자가 될 수 없다.
예를 알지 못하면 일어설 수 없다.
말을 알지 못하면 사람을 알 수 없다.
不知命 無以爲君子也 不知禮 無以立也 不知言 無以知人也
부지명 무이위군자야 부지례 무이립야 부지언 무이지인야

〈요왈편〉 3장

16
단 하루라도 뜨겁게 살았다면 멋진 삶이다

살면서 한 번이라도 뜨거운 순간이 있었는지 생각해 봅니다. 내가 하고 싶은 일을 하면서 열정적으로 산다면 이보다 더 멋진 일은 없습니다. 내가 하는 일에 열정을 하나 더 보탰을 뿐인데 나로 인해 세상이 바뀌기 시작합니다. 그 뜨거운 열정으로 내가 즐겁고 가족이 만족하며 사람들과 더 행복해집니다. 그러면 삶은 명료해집니다. 단 한 번이라도 뜨겁게 살아 보자고 결심하게 됩니다.

아침에 도를 들으면 저녁에 죽어도 좋다.

朝聞道 夕死可矣

조문도 석사가의

〈이인편〉 8장

17
옛것에서 배우고 새것을 만들라

옛것을 익히는 온고(溫故)는 학습을 말합니다. 오늘을 만든 어제까지의 지식과 지혜를 익혀 새로운 무엇을 만들어 내는 지신(知新)은 창조입니다. 리더를 꿈꾼다면 온고가 필요합니다. 온고 후에는 언제나 지신이 따라옵니다. 옛것을 익혀 새로운 것을 알게 되면 스승이 될 수 있습니다.

옛것을 익혀 새로운 것을 알게 되면
스승이 될 수 있을 것이다.
溫故而知新 可以爲師矣
온고이지신 가이위사의

〈위정편〉 11장

18
모르는 것을 모른다고 말하면 진정 아는 것이다

한번 들은 정보와 정확히 알고 있는 지식은 다릅니다. 30퍼센트의 지식과 경험으로 90퍼센트 이상을 안다고 자만하기 십상입니다. 그 30퍼센트의 실력으로 사업을 시작하면 나머지 70퍼센트는 돈으로 메꿔야 할지도 모릅니다. 지나온 과정을 자세히 살펴야 앞으로의 여정을 예측할 수 있습니다. 지나온 20년을 객관적으로 볼 줄 알아야 미래 20년을 제대로 걸어갈 수 있습니다.

아는 것을 안다고 하고
모르는 것을 모른다고 하는 것이 진정 아는 것이다.
知之爲知之 不知爲不知 是知也
지지위지지 부지위부지 시지야

〈위정편〉 17장

19
타인보다 먼저 닦아야 할 것은
나 자신이다

공자의 말은 우리를 반성하게 합니다. 자기는 어질지 않으면서 타인은 어질어야 한다고 생각하지는 않는지, 자기는 의롭지 못하면서 타인은 늘 올바르게 행동해야 한다고 믿지는 않는지, 자기는 예의를 지키지 않으면서 타인은 반드시 예의를 지켜야 한다고 믿지는 않는지, 자기는 지혜롭지 못하면서 타인은 지혜롭게 행동해야 한다고 요구하지는 않는지, 자기는 약속을 지키지 못하면서 타인은 반드시 약속을 지켜야 한다고 믿지는 않는지 되돌아보게 합니다.

덕을 닦지 못한 것, 학문을 강구하지 못한 것,
의를 듣고 실천하지 못하는 것,
불선을 고치지 못하는 것이 나의 근심이다.
德之不修 學之不講 聞義不能徙 不善不能改 是吾憂也
덕지불수 학지불강 문의불능사 불선불능개 시오우야

〈술이편〉 3장

20
이익을 따지면
원망이 많아진다

우리는 자기 편의를 지나치게 우선할 때가 있습니다. 나의 편리에 조금이라도 방해가 되면 참지 못하고 버럭 화를 내면서 다른 사람을 탓하기도 합니다.

그런데 이익만을 따라가다 보면 결국 원망이 많아집니다. 부자든 빈자든 마찬가지입니다. 이(利)는 이익이라는 의미와 예리하다는 뜻이 공존합니다. 그 이익이 누군가를 예리하게 찔러 아프게 한 결과로 만들어졌다면 더욱 그렇습니다. 사리사욕과 공리공욕을 생각해 보아야 할 때입니다.

이익에 따라 행동하면 원망이 많아진다.

放於利而行 多怨

방어리이행 다원

동양 철학은 실천의 철학이다

앞만 보고 달리느라 놓쳤던 질문들은 오히려 시간이 쌓인 뒤에 더 선명해집니다. 생계와 책임 속에서 미루었던 마음의 중심을 다시 세우기 좋은 때이지요. 이때 동양 철학은 삶을 밝히는 좋은 등불이 됩니다. 동양 철학은 복잡한 이론보다 사람이 어떻게 살아야 하는지 묻는 실천의 철학이기 때문입니다.

동양 철학의 주요 흐름은 네 가지입니다. 유가는 인간관계와 도리를, 도가는 자연스러움과 마음의 자유를, 법가는 질서와 제도를, 병법서는 갈등과 전략을 다룹니다. 서로 대립하면서도 서로를 보완하며 인생의 균형을 잡는 기준을 제시합니다.

이 철학들이 나이가 들면 더 깊게 다가오는 이유는 단순합니다. 삶을 경험해야 철학이 이해되기 때문입니다. 젊을 때 어렵던 말들이 인생의 굴곡을 지나면 새롭게 읽힙니다. 동양 철학 공부에 순서는 없지만 굳이 순서를 정한다면 이럴 것 같습니다.

먼저 《사기》로 다양한 인간 군상과 역사의 생생함을 느낍니다. 다음은 사서(《논어》·《맹자》·《중용》·《대학》)로 동양 철학의 기본 체력을 다집니다. 다음은《순자》로 현실과 제도의 중요성을 배우고,《한비자》로 인간의 욕망과 조직의 원리를 살피며,《노자》와《장자》로 마음의 폭을 넓힙니다. 마지막으로《손자병법》으로 갈등을 풀고 관계를 조정하는 지혜를 익힙니다.

　동양 철학을 읽는 일은 삶을 새롭게 정리하는 일입니다. 관계의 고민도, 마음의 흔들림도, 삶의 선택도 고전 속에 길이 있습니다. 천천히 읽다 보면 어느 순간 고전이 아니라 자신의 인생을 읽는다는 사실을 깨닫게 됩니다.

21
꾸밈과 바탕이 좋아야
품격이 완성된다

사람은 겉과 속이 조화를 이룰 때 더 높은 격을 지닐 수 있습니다. 문(文)은 겉이고 질(質)은 속입니다. 사람이 외면만 중시하면 공허해지고, 내면만 강조하면 투박해집니다. 문은 언어(言)와 예에서 드러나고, 질은 학문(學)과 인에서 시작됩니다. 인간의 겉모습은 단순한 꾸밈이 아니라 말과 태도 그리고 예의에서 완성됩니다. 인간의 내면은 타고나지 않고, 무엇을 배우고 어떻게 익히느냐에 따라 깊어지고 단단해집니다.

꾸밈과 바탕이 조화를 이룬 뒤에야 군자라고 할 수 있다.

文質彬彬 然後君子

문질빈빈 연후군자

〈옹야편〉 16장

22
잘못을 알고도
고치지 않는다면 잘못이다

알면서도 고치지 못하는 것, 짜고 단 것을 반복하여 먹는 것, 금연과 흡연을 반복하는 것, 음주 후 운전을 반복하는 것, 운동과 포기를 반복하는 것, 내 잘못은 보이지 않고 다른 사람의 잘못만 반복하여 보이는 것이 사람들이 대부분 저지르는 잘못입니다. 하지만 사람은 잘못을 고치려 노력하는 존재이기도 합니다. 그래서 희망이 있습니다. 잘못이 없는 사람이 아니라 잘못을 고치려고 노력하는 그 사람이 결국엔 어른이 됩니다.

잘못을 저지르고도 고치지 않는다면
이것이 바로 잘못이다.
過而不改 是謂過矣
과이불개 시위과의

〈위령공편〉 29장

23
건강은
삶을 지탱한다

나이가 들수록 건강 적신호가 가장 먼저 켜집니다. 평균 수명과 평균 건강 수치가 아무리 높다 해도 거기에서 벗어났다면 공허한 숫자에 불과합니다. 우리에게 극복해야 할 가장 중요한 숙제는 바로 건강입니다. 당장 문제가 되지는 않지만 지금부터 꼭 챙겨야 할 과제입니다.

색과 냄새가 좋지 않거나 익히지 않은 것은 먹지 않았고
때가 아니면 먹지 않았다.
色惡不食 臭惡不食 失飪不食 不時不食
색악불식 취악불식 실임불식 불시불식

〈향당편〉 8장

24
부모의 마음을
생각하라

부모님의 사랑은 언제나 한결같고 단순합니다. 자식이 잘 되기를 바라는 마음, 아프지 않기만을 바라는 마음, 그 마음 하나로 평생을 살아갑니다.

어릴 때는 부모님의 그 모든 수고를 당연하게 여깁니다. 그러나 나이가 들어서는 부모님의 느려진 걸음과 흔들리는 손을 돌아보게 됩니다. 부모님이 나를 위해 젊은 날의 시간과 건강을 기꺼이 내어 주었듯, 이제는 우리가 그분들에게 걸음을 맞추고 마음을 조금 더 기울일 차례입니다.

부모는 오직 자식이 병들지 않을까 그것만을 걱정한다.

父母唯其疾之憂

부모유기질지우

〈위정편〉 6장

25
하나의 덕만 있어도
외롭지 않다

덕(德)이란 무엇일까요? 인(仁), 의(義), 예(禮), 지(智), 신(信), 자(慈), 우(友), 공(恭), 효(孝), 용(勇)을 모두 덕이라고 합니다. 사람을 사랑하는 사람, 바른 사람, 예의를 지키는 사람, 지혜로운 사람, 믿을 만한 사람, 자애로운 사람, 우정이 돈독한 사람, 공손한 사람, 효도하는 사람, 용기 있는 사람이 덕을 가진 사람입니다. 그러니 그런 덕성을 갖춘 사람이라면 외로울 리가 없습니다. 이런 사람을 누가 싫어하겠습니까?

덕이 있는 사람은 반드시 이웃이 있어 외롭지 않다.

德不孤 必有隣

덕불고 필유린

26
시 쓰고 노래하는
여유도 필요하다

부모님의 바람대로, 선생님의 조언대로, 사장님의 경영 철학대로 상사의 요구대로 산다면 진짜 내 삶이라 부를 수 없습니다. 내가 좋아하는 취미생활도 못 하고 바쁘게 일만 하며 산다면 인생의 길을 잃습니다.

내가 진짜로 원하는 것이 무엇인지, 언제부터 나의 기준을 잃어버렸는지조차 모르게 됩니다. 멈춰 서서 다시 나를 묻는 시간은 뒤늦은 고민이 아니라 비로소 '나'에게 돌아가는 첫걸음입니다. 2,500년 전의《시경》에서 말하는 것처럼 말입니다.

시 삼백 편을 한마디로 말하자면 생각에 사함이 없다고 하겠다.

詩三百 一言以蔽之 曰思無邪

시삼백 일언이폐지 왈사무사

〈위정편〉 2장

27
사람의 마음을 얻는 인자처럼 살라

살다 보면 기준이 필요할 때가 많습니다. 그럴 때 지자요수, 인자요산이 좋은 기준이 될 수 있습니다. 지자요수처럼 적극적으로 배우고 해결해 나가는 태도가 더욱 즐거운 삶을 만듭니다. 인자요산처럼 사람의 마음을 얻으면 좋은 성과도 뒤따라옵니다. 우리 인생도 그렇습니다. 앞으로 조금 더 타인을 생각하고 사랑하는 마음의 여유와 도량을 지닌 채 살아 봅니다. 더 행복한 삶이 준비되어 있을 것입니다.

지자는 물을 좋아하고, 인자는 산을 좋아한다.
지자는 동적이고, 인자는 정적이다.
지자는 즐겁게 살고, 인자는 오래 산다.
知者樂水 仁者樂山 知者動 仁者靜 知者樂 仁者壽
지자요수 인자요산 지자동 인자정 지자락 인자수

〈옹야편〉 21장

28
세상 사람은 모두 나의 스승이다

세 사람이 있다면 그중에 반드시 나의 스승이 있습니다. 그중 선한 자에게서는 선함을 배우고, 선하지 못한 사람에게서는 고칠 점을 배우면 됩니다. 고정관념을 품고 배움에 임하면 쉽지 않습니다. 듣고 싶은 것만 듣는다면 그 결과 역시 비슷합니다. 마시던 콜라에 아무리 향긋한 커피를 더한다 해도 그것은 커피도 콜라도 아닌 이상한 액체일 뿐입니다. 배울 때는 일단 내 생각을 조금 접어 둬야 합니다. 나이, 학력, 경력 때문에 상대의 가르침이 제대로 들리지 않는다면 아직 배움의 자세가 덜됐다고 생각해야 합니다.

세 사람이 길을 가면 그중에 반드시 나의 스승이 있다.
그중 선한 자에게선 선함을 따르고
선하지 못한 사람을 보면 나를 고치면 된다.
三人行 必有我師焉 擇其善者而從之 其不善者而改之
삼인행 필유아사언 택기선자이종지 기불선자이개지

〈술이편〉 21장

29
인생은 잘해도 내 탓,
못해도 내 탓이다

대통령은 대통령다워야 하고, 대장은 대장다워야 하며, 사장은 사장다워야 합니다. 장관은 장관다워야 하고, 임원은 임원답고, 팀장은 팀장다워야 합니다. 기업은 기업다워야 하고, 학교는 학교다워야 하며, 종교는 종교다워야 합니다.

인생이 잘되면 내 노력 덕분이고 못되면 조상과 환경을 탓할 수도 있지만, 사실 인생은 잘해도 내 탓, 못해도 내 탓입니다. 인생은 오롯이 내 의지와 목표와 도전으로 만들어지는 삶이기 때문입니다.

임금은 임금답고, 신하는 신하다우며,
아버지는 아버지답고, 아들은 아들다워야 한다.
君君 臣臣 父父 子子
군군 신신 부부 자자

〈안연편〉 11장

30
욕먹는 게 싫으면
욕하지 말라

제자 자공이 스승에게 평생 삶의 기준으로 삼을 만한 간결한 말을 하나 알려 달라고 했습니다. 공자는 '서'라고 답했습니다. 서는 '자기도 바라지 않는 바라면 남에게도 해서는 안 되고, 내가 싫다면 타인도 싫을 것인즉 상대가 싫어하는 그것을 해서는 안 된다'라는 뜻입니다.

쉽게 말해 욕먹기 싫으면 욕하지 말라는 말입니다. 다른 사람이 거만하게 구는 모습이 싫으면 나도 다른 사람에게 거만해서는 안 된다는 말입니다.

자기가 바라지 않는 것은 남에게 베풀지 않는 것이다.

己所不欲 勿施於人

기소불욕 물시어인

〈위령공편〉 23장

맑고 투명한 지혜가 담긴 책

많은 사람이 《논어》는 공자가 직접 저술했다고 생각하기 쉽지만, 사실 공자는 《논어》라는 책이 있는지 없는지도 모릅니다. 《논어》는 공자가 죽은 뒤 제자들이 스승과 함께한 일상의 말과 모습을 기록해 만든 책이기 때문입니다.

맹자가 쓴 《맹자》는 맹자의 의도가 담겨 있고, 자사가 쓴 《중용》은 자사의 사유가, 순자가 쓴 《순자》는 순자의 철학이 뚜렷하게 드러나지만, 《논어》는 그렇지 않습니다. 《논어》에는 공자의 계획된 가르침이 아니라 진심으로 제자를 걱정하고 사랑하고 때로는 꾸짖으며 건넨 말들이기 때문입니다. 숨은 의도를 품은 말이 아니라 바로 그 순간의 마음과 상황이 그대로 기록된 말이기 때문에 더 깊은 울림을 줍니다.

당시 제자들도 공자를 신처럼 떠받들지 않았습니다. 공자는 자로에게는 듬직한 동네 형님 같았고, 안회에게는 집안 어른 같았으며, 자공에게는 잔소리 많은 선배 같았습니다. 증자에게는 인자한 동네 어르신 같은 존재였습니다. 제자들은 공자를 가까운 일상에서 함께 숨 쉬며 배우고 따르던 따뜻한 사람으로 바라보았습니다. 그런 관계 속에서 스승

의 말은 꾸밈없이 제자들의 마음에 새겨졌고, 그 생생한 기록이 《논어》
가 되었습니다.

　2,500년이라는 긴 시간이 흘렀지만, 《논어》에 담긴 말들은 지금 읽
어도 놀랄 만큼 신선합니다. 각색되지 않은 제자들의 짧은 기록이 세
월을 거치며 오히려 더 맑고 투명한 지혜가 되었습니다. 《논어》가 어
려워진 이유는 공자 때문이 아니라 후대의 수많은 주석과 해석이 덧
붙여졌기 때문입니다. 원래 《논어》는 일상의 말, 일상의 지혜로 가득
한 매우 인간적인 책입니다. 딱딱한 철학이 아닌 공자의 삶 자체가 기록
되고, 스승을 사랑한 제자들의 순수한 마음이 담겨 있습니다. 이런 점이
《논어》가 시대를 넘어 오늘 우리에게까지 감동을 주는 이유입니다.

31
어떤 조건에서도
변화를 끌어내는 사람이 되라

군자는 그 쓰임새가 한정된 그릇과 같은 사람이 아닙니다. 리더는 쓰임새가 한정된 사람이 아닙니다. 3년 전이나 1년 전이나 지금이나 전혀 변화가 없다면 그는 리더가 아닙니다. 3년 전보다는 무언가 조금이라도 발전되고, 1년 전보다는 무언가 조금이라도 변화되려고 노력하는 사람이 군자고 리더입니다. 리더는 변화를 추구하며 주도하는 사람입니다. 같은 일을 하더라도 개선점을 찾고, 힘들어도 좋은 결과를 만들어 내는 사람이 바로 리더입니다.

군자는 그릇이 아니다.

君子不器

군자불기

〈위정편〉 12장

32
명확하게 보고
분명하게 들어라

한 번을 보더라도 분명하고 명확하게 봐야 합니다. 들을 때는 상대의 입장으로 들어야 공감이 가능합니다. 안색을 부드럽고 온화하게 해야 합니다. 겉모습은 공손해야 합니다. 말할 때는 진실함을 생각해야 합니다. 책임질 수 있는 말만 해야 합니다. 자신의 직업에 대해서는 존중하는 마음이 있어야 합니다. 궁금한 것이 있으면 누구에게든 질문을 할 수 있어야 합니다.

볼 때는 밝음을 생각하고, 들을 때는 총명함을 생각하고,
안색에는 온화함을 생각하고, 용모에서는 공손함을 생각하고,
말을 할 때는 진실함을 생각하고, 일할 때는 공경함을 생각하고,
의문이 생기면 질문을 생각한다.
視思明 聽思聰 色思溫 貌思恭 言思忠 事思敬 疑思問
시사명 청사총 색사온 모사공 언사충 사사경 의사문

〈계씨편〉 10장

33
배우기를 좋아하면
그 일에 전문가가 된다

평범했던 공구(孔丘)가 위대한 성인(聖人) 공자(孔子)가 될 수 있었던 가장 큰 이유는 배우기를 좋아하는 호학(好學) 정신이었습니다.

느리더라도 한 가지를 오랫동안 한다면 누구나 잘할 수 있습니다. 그러니 오랫동안 할 수 있는 일에 집중하면 유리합니다. 일이 공부고 공부가 일이 되면 더 좋습니다. 여행을 오랫동안 하면 여행이 일이 되고 일이 여행이 됩니다. 그림을 오랫동안 그리면 그림이 일이 되고 일이 그림이 됩니다.

나만큼 배우기를 좋아하는 사람은 없을 것이다.

不如丘之好學也

불여구지호학야

〈공야장편〉 27장

34
밀려온 삶에서
밀어 가는 삶을 살라

내가 원하는 것을 선택해야 간절함이 생기고, 그 간절함이 있어야 비로소 자기 계발이 가능합니다. 자기 계발이 이루어질 때 비로소 주도적인 삶이 됩니다.

밀려가는 삶이 아니라 밀어 가는 삶, 떠밀려 도착하는 곳이 아니라 가고 싶은 곳으로 향하는 삶이 주도적인 인생입니다. 그 전환을 이루기에 가장 좋은 시기는 없습니다. 꿈과 목표가 있어야 방법을 찾고, 비전이 있어야 스스로 애쓰게 됩니다.

답답해하지 않으면 일깨워 주지 않고
표현하려 애쓰지 않으면 밝혀 주지 않는다.
不憤不啓 不悱不發
불분불계 불비불발

〈술이편〉 8장

35
잘못을 받아들이고
자책하는 이가 드물다

안경은 세상을 더 잘 보기 위한 도구입니다. 사람들은 타인을 볼 때는 볼록 렌즈를 들이대고, 자신을 볼 때는 오목 렌즈를 사용합니다. 그래서 타인의 단점과 실수는 지나치게 커 보이고, 자신의 잘못은 작게 축소되어 보입니다.

역으로 타인의 장점은 오목 렌즈로 작게 보고, 자신의 장점은 볼록 렌즈로 크게 보려고 합니다. 자연히 타인은 부족해 보이고, 자신은 과하게 잘난 듯 느껴지기 쉽습니다.

나는 아직도 자기의 잘못을 발견해서
안으로 자책하는 사람을 보지 못했다.
吾未見能見其過而內自訟者也
오미견능견기과이내자송자야

〈공야장편〉 26장

36
세상은 누가 더 꾸준한지의 싸움이다

세상은 두뇌 싸움이기도 하지만 꾸준함의 싸움이기도 합니다. 꾸준함이야말로 남의 성과도 내 경험으로 흡수하게 만드는 힘입니다. 하나를 꾸준히 하려면 나머지 대부분을 포기해야 합니다. 한 가지를 위해 아흔아홉 가지를 내려놓는 용기, 그 선택이 성공 전략이 됩니다. 부자로 태어나 부자로 사는 일은 누구나 할 수 있지만, 가난하게 태어나 부자가 되는 일은 아무나 할 수 없기 때문입니다.

나는 그가 앞으로 나아가는 것은 보았지만
멈추는 것은 보지 못했다.
吾見其進也 未見其止也
오견기진야 미견기지야

〈자한편〉 20장

37
좋아하는 자는
즐기는 자만 못하다

일을 즐긴다면 행복하게 살고 있다는 증거입니다. 즐기는 정도는 아닐지라도 좋아하는 일로 만들었다면 잘 살고 있다는 증거입니다. 혹여 지금까지 일하면서 별 즐거움을 찾을 수 없었다면 남들처럼 보통의 삶을 살았다는 뜻입니다. 지금까지 했던 일을 좋아하는 일로 만들지 못했다면 많은 사람처럼 보통의 삶을 살았다는 뜻입니다.

아는 자는 좋아하는 자만 못하고
좋아하는 자는 즐기는 자만 못하다.
知之者不如好之者 好之者不如樂之者
지지자불여호지자 호지자불여락지자

〈옹야편〉 18장

38
편을 가르지 말고
살아가라

차별 없이 대해야 리더입니다. 이익이 되는 사람에게만 특별하게 대하고, 사익을 위해 편 가르기를 하는 사람은 리더로서 자격이 없습니다. 사적 잇속을 위한 행동은 누구나 할 수 있기 때문입니다. 굳이 그런 사람이 리더를 하겠다고 나서면 그와 함께하는 모든 이가 피해를 받습니다. 이는 모두에게 손해가 되는 일입니다.

군자는 두루 대하며 편을 가르지 않지만,
소인은 편을 가르며 두루 대하지 못한다.
君子周而不比 小人比而不周
군자주이불비 소인비이불주

〈위정편〉 14장

39
제발 안 된다고
미리 선을 긋지 마라

경험이 좀 부족해도 해 나가는 사람이 있습니다. 경험이 부족하기에 더 열심히 하는 사람도 있습니다. 핑계를 대지 않기 때문입니다. 핑계는 모두 맞지만 가치가 없습니다. 부정의 획을 긋지 않았기 때문입니다. 세상의 모든 일에는 양면이 있습니다. 좋아 보여도 모두 좋은 것은 아니며, 나빠 보여도 모두 나쁜 것은 아닙니다.

세상에 쉬운 일은 없습니다. 힘들지만 배우고 극복하며 이루어 내는 삶이 가치 있는 삶입니다.

힘이 부족하다고 하는 사람은 중도에 그만두는데
지금 너는 선을 긋고 있구나.
力不足者中道而廢 今女畫
역부족자중도이폐 금여획

〈옹야편〉 10장

40
나중이 아니라
지금 할 수 있는 일을 하라

노력으로 풀 수 있는 과제에 집중할 용기가 필요합니다. 해결할 수 없는 문제는 덮어 두고, 내가 해결할 수 있는 문제에 더 열중해 봅니다. 많은 것을 다 가질 수는 없습니다. 사람의 힘으로 풀 수 없는 문제는 남겨 두는 것도 전략입니다.

집중하려면 방해 요소를 제거해야 합니다. 누군가를 만나 감정이 많이 상한다면 가능한 한 그 만남의 기회를 줄여야 합니다.

집중하려면 지금 집중하는 과제가 있어야 합니다. 그렇지 않으면 일 같지도 않은 일에 집중하고 관여하지 말아야 할 일에 관여하게 됩니다.

삶도 잘 알지 못하는데 어찌 죽음을 알겠는가?

未知生 焉知死

미지생 언지사

〈선진편〉 11장

공자부터 다산 정약용까지 유학에 대하여

유학의 창시자 공자는 혼란과 격변의 시대에 '덕'과 '인'을 중심으로 인간학을 세웠습니다. 그의 가르침은 단순 도덕이 아니라 인간다움을 회복해 사회를 바로 세우려는 실천적 사상이었습니다.

춘추시대 증자(曾子)는 공자의 제자입니다. 그가 쓴 《대학》은 수기치인(修己治人), '스스로를 닦아 세상을 이롭게 한다'라는 원칙으로 훗날 유학의 사상적 토대가 되었습니다.

전국시대 자사는 공자의 손자로 증자에게 학문을 이어받아 유학을 철학으로 발전시켰습니다. 그가 저술한 《중용》은 인간 본성과 우주 질서를 하나로 연결했으며, 성(誠)을 유학의 핵심 개념으로 세웠습니다. 그는 공자의 유학을 본성론·우주론과 결합해 새로운 차원으로 끌어올렸습니다.

자사의 학맥은 다시 맹자(孟子)에게 이어졌습니다. 맹자는 인간의 선한 본성을 강조하며 인의예지(仁義禮智)가 인간 안에 내재한다고 보았습니다. 또한 백성을 중심에 둔 왕도정치(王道政治)를 주장하며 유학을 윤리 사상으로 완성했습니다.

12~13세기 송나라의 주자(朱熹)는 《사서삼경》을 체계적으로 정리했습니다. 그는 시대적인 소명과 함께 성(性)·이(理)·기(氣)의 관계를 설명하며 성리학이라는 체계로 발전시켜 유학을 유교화했습니다. 이후 성리학은 고려말 안향(安珦)에 의해 한반도로 들어왔고, 조선에서 국가 이념이 되었습니다.

조선에서 성리학은 꽃을 피웠습니다. 퇴계 이황은 마음의 경건한 수양과 '리(理)'의 순수성을 강조했고, 율곡 이이는 '기(氣)'의 실천성과 국가 경영의 중요성을 설파했습니다. 조선의 학자들은 성리학을 실제 정치와 삶의 원리로 삼았습니다.

그 흔적이 아직도 전국의 향교와 서원을 중심으로 살아 있습니다. 수천 년 동안 이어져 온 학문의 맥은 오늘을 사는 우리에게도 여전히 필요한 철학의 근원이 됩니다.

41
1점의 실점은 100점과 무게가 같다

시험에서 단 1점이 부족해 불합격했다면 그 1점은 단순한 1점이 아니라 100점의 무게와 같습니다. 그만큼 간절한 마음으로 학습에 임해야 한다는 뜻입니다.

간절함은 열정을 만드는 연료입니다. 일에 의미를 더하는 마음은 시든 꽃에 물을 주는 일과 같습니다. 꽃이 아름답지 않아서 시드는 것이 아니라 물이 부족해서인 것처럼 일이 간절하지 않은 것도 일이 가치 없어서가 아니라 우리가 의미를 충분히 부여하지 않았기 때문입니다.

학문은 마치 미치지 못할 것 같은 마음,
배운 것을 잃어버릴까 두려워하는 마음으로 임해야 한다.
學如不及 猶恐失之
학여불급 유공실지

〈태백편〉 **17장**

42
습관이 반복되면
기적이 찾아온다

지금의 모습이 마음에 들지 않는다면 그 원인은 습(習)에 있습니다. 지금의 모습이 마음에 든다면 그 원인 또한 습입니다. 반복하여 익히고, 반복을 통해 배우고, 반복적으로 연습하고, 복습하면 그 어떤 것도 능하게 됩니다.

이미 지나간 10년이야 어찌할 도리가 없지만 다가올 10년에는 희망이 있습니다. 지나간 10년 동안에 선택으로 갈등했다면 다가올 10년은 반복에 희망을 걸어 보는 것이 좋은 전략입니다.

본성은 서로 비슷하나
익히는 것에 의해 서로 멀어진다.
性相近也 習相遠也
성상근야 습상원야

43

걱정이 많을수록
멀리 보아야 한다

지금까지 주변을 위해 살아왔다면 이제부터는 나를 중심으로 살아가는 목표를 잡아 봅니다. 그러면 미래가 더 궁금해집니다. 지금까지 나만을 위해 살아왔다면 이제부터는 내가 아닌 가족들을 위해 살아가는 목표를 잡아 봅니다. 그러면 미래가 더 궁금해집니다. 혹여 지금까지 단기 목표에 급급했다면 이제부터는 장기 목표로 향하려는 자세가 필요합니다. 원려(遠慮)는 인생을 희극과 비극으로 이끄는 기준점이기에 그렇습니다.

멀리 생각하지 않으면 늘 가까이에 근심이 있다.

人無遠慮 必有近憂

인무원려 필유근우

44
불편한 어제가
편안한 오늘을 만든다

오늘 어려움을 겪는다면 이유는 두 가지입니다. 지금까지 잘 못 살아왔거나 지금부터 잘 살아 보려고 노력하기 때문입니다. 목표 없이 되는 대로 쉽게 살아왔다면 현재의 고통은 하달(下達)의 길을 걸어온 것에 대한 당연한 결과입니다. 지금 도전하면서 어려움을 겪는다면 상달(上達)의 길을 간다는 뜻입니다. 지난 과거 때문에 겪는 어려움이라면 유쾌하지 못한 일이지만, 다가오는 미래 때문에 겪는 어려움이라면 유쾌한 일입니다.

군자는 위로 통달하고
소인은 아래로 통달한다.
君子上達 小人下達
군자상달 소인하달

〈헌문편〉 23장

45
해가 났을 때
젖은 볏짚을 말려야 한다

공자는 태어나면서부터 아는 사람을 상급, 배워서 아는 사람을 그다음 등급, 어려움과 곤경을 배움으로 극복해 내는 사람을 그다음 등급, 곤경에 처해도 배우려 하지 않는 사람이라 하급이라 했습니다.

해가 났을 때 젖은 볏짚을 말려야 합니다. 혹여 지금까지 재수가 없어 하급에 몰리게 되었다고 해도 아직 끝나지 않았습니다. 지금이 바로 기회입니다.

곤경에 처해서 배우는 사람은 또 그다음이며,
곤경에 처해도 배우지 않으면 그 사람은 하급이 된다.
困而學之又其次也 困而不學 民斯爲下矣
곤이학우지우기차야 곤이학 민사위하위

〈계씨편〉 9장

46
생각만 하고 배우지 않으면 위태롭다

십 대에 하는 공부는 의무에 가깝지만 나이가 들어 하는 공부는 용기입니다. 목표를 세울 때 굳이 지금의 모습을 기준으로 삼을 필요는 없습니다. 언젠가 성공하면 지금의 모습은 오히려 감동을 주는 이야기가 될 것이기 때문입니다.

배움 없이 고민만 하면서 특별한 결과를 바란다면 오만에 가깝습니다. 생각만으로는 인생이 달라지지 않습니다.

생각 없이 배우면 얻는 게 없고
생각만 하고 배우지 않으면 위태롭게 된다.
學而不思則罔 思而不學則殆
학이불사즉망 사이불학즉태

〈위정편〉 15장

47

열정적이지 않은 사람은
방전된 배터리다

누구나 기회만 주어진다면 열정적으로 살고 싶어 합니다. 단 한 번뿐인 지구별 여행인데 누가 한 번쯤 뜨겁고 멋지게 살고 싶지 않겠습니까? 평생 남에게 박수만 치며 살고 싶어 하는 사람은 없습니다. 하지만 아무리 기다려도 좋은 기회와 완벽한 환경은 오지 않습니다. 기회는 스스로 만들어야 찾아오는 법입니다. 공자처럼 살 수는 없어도 다시 용기를 내야 합니다. 어느새 방전된 '열정'의 배터리를 다시 충전해야 합니다.

분발하면 밥 먹기를 잊고, 즐거움에 걱정을 잊으며,
늙음이 닥쳐오고 있다는 것조차 알지 못하는 그런 사람이다.
發憤忘食 樂以忘憂 不知老之將至云爾
발분망식 낙이망우 부지로지장지운이

〈술이편〉 18장

48

강물처럼 흘러가는 인생에도 희망은 있다

우리는 미래를 볼 순 없어도 과거를 돌아볼 수 있습니다. 70세의 내가 50세의 나를 바라보면 마치 50세의 내가 30세의 나를 돌아보듯 지난 20년이 수정처럼 선명하게 보입니다. 우리의 삶이 언제 끝날지는 누구도 알 수 없습니다. 그렇다면 어차피 모를 미래를 두려워하기보다 이후의 20년을 꿈꾸어야 합니다. 조금 더디더라도 다시 한 걸음 나아가야 합니다. 인생은 언제나 우리가 만들어가는 길이기에 그렇습니다.

세월 가는 것이 저 강물과 같구나.

밤낮으로 쉬질 않는구나.

逝者如斯夫 不舍晝夜

서자여사부 불사주야

〈자한편〉 16장

49
균형 잡힌 삶을 위해 네 가지 태도를 지키라

인생에 긴요한 기준과 철학이 있다면 도, 덕, 인, 예(道, 德, 仁, 藝)를 들 수 있습니다. 첫째, 우리가 가야 할 바른길을 정해야 합니다. 그것이 선(善)이든 정(正)이든 말입니다. 둘째, 덕을 삶의 기준으로 삼아야 합니다, 사랑, 정의, 예의, 지혜, 신뢰, 우정, 공손, 효도로 말입니다. 셋째, 어질게 살아야 합니다. 사랑과 용서, 이해의 마음으로 말입니다. 넷째, 현실에 집중해야 합니다. 이것이 바로 균형 잡힌 삶을 위한 태도입니다.

도에 뜻을 두고, 덕에 근거하며,
인을 의지하고, 예에 놀아라.
志於道 據於德 依於仁 游於藝
지어도 거어덕 의어인 유어예

〈술이편〉 6장

50
인생은 좋아하는 일을 해야 유리하다

누구나 좋아하는 일을 선택하는 것이 결국 가장 유리합니다. 좋아하는 일은 오래 지속할 수 있고, 오래 하다 보면 자연스럽게 실력도 따라옵니다. 싫어하는 일을 하며 소중한 시간을 흘려보내기에는 우리의 삶이 너무 아깝습니다. 지금까지 시행착오를 많이 겪었다면, 이제는 그 경험이 쌓인 만큼 반복의 힘이 드러날 때입니다. 꾸준함이 실력을 만들고 실력이 결국 길을 열어 줍니다.

나는 좋아하는 바를 따르겠다.

從吾所好

종오소호

〈술이편〉 11장

취미가 길이 되다

저는 대학에서 전자공학을 전공한 후 반도체 회사에 들어갔습니다. 입사 후 과장이 되기 전까지 반도체 엔지니어로 지냈습니다. 과장이 되고 얼마 지나지 않아 부서가 기술에서 인사로 바뀌게 되었습니다. 이후 인력개발 교육 업무와 인사 업무를 10년 더하고 사십 대 중반에 명예퇴직을 했습니다. 퇴직 후 서울 잠실에서 작은 HR 컨설팅 회사를 경영하면서 오십을 맞이했습니다.

오십 초반 언저리 언제부터인가 점심식사 후 잠실 석촌 호수를 산책 삼아 걸으며 천자문을 외우기 시작했습니다. 무심하게 2.6킬로미터 호수 둘레길을 걷던 어느 날, 갑자기 천자문이 생각났습니다. 다음 날부터 작은 메모지에 천자문 네 글자씩을 써서 가지고 나가 걸으면서 외우기 시작했습니다. 그렇게 한문과 고전을 가까이하게 되었습니다. 천자문은 여덟 글자로 구성된 125개의 명문장으로 매우 다양하고 유익한 '생각의 창고'였습니다.

1년 정도가 지나자 한문이 눈에 보이기 시작했고 잠실 교보문고를 찾아가니 평소에 보이지 않던 《논어》가 보였습니다. 두꺼운 《논어》 책을 한 권 사서 읽어 보니 천자문보다 10배는 더 재미있었습니다. 사무실에서 직원들과 함께 일하면서 틈틈이 읽었던 《논어》는 정말 흥미로웠습니다. 산책길에 천자문 대신 《논어》를 외우기 시작했습니다. 낮에는 석촌 호숫가를, 밤에는 집 주변 산책길을 《논어》와 함께 걸었습니다. 그러면서 한 달에 한두 편의 《논어》 에세이를 썼습니다.

2년이 지나지 않아 그 글을 모아 첫 번째 《논어》 책을 출간했습니다. 첫 책이 나오자 두 번째, 세 번째 책이 나오게 되었습니다. 《논어》 저자가 되니 인문학 강연 요청이 늘어났습니다. 그렇게 10여 년이 지나자, 하던 사업을 정리해도 되겠다는 자신감이 생겨 환갑을 기점으로 사업을 정리했습니다. 취미가 부업으로 부업이 전업이 되었습니다. 《논어》 책을 쓰고 《논어》를 강연하고 인문학 강연으로 전국을 다니는 자유로운 육십 대를 보내게 되었습니다.

2부

마음의 길 《중용》

자사
子思

01
작은 일에 깃든 정성이
세상을 움직인다

작은 일이라도 결코 가볍게 여기지 말아야 합니다. 작은 일에 깃든 마음이 곧 큰일의 바탕이 되기 때문입니다.

세상을 바꾸는 힘은 거창한 말이나 큰 계획에서 나오지 않습니다. 작은 일에도 끝까지 정성을 다하는 마음, 그 한결같은 성실함이 진짜 변화를 이룹니다. 오직 세상에서 가장 지극히 정성을 다하는 사람만이 사람과 세상을 변화시킬 수 있습니다.

작은 일에도 정성을 다하면 형상이 나오고,
형상이 나오면 겉으로 드러나고, 겉으로 드러나면 이내 밝아지고,
밝아지면 남을 움직이게 된다.
誠則形 形則著 著則明 明則動
성즉형 형즉저 저즉명 명즉동

《중용》 23장

02
하늘의 본성을 따라 살면 길이 열린다

수억 년 동안 한순간의 흐트러짐도 없이 별과 달은 항상 그 자리에서 돌며, 봄은 꽃을 피우고, 여름은 열매를 맺으며, 가을은 거두게 하고, 겨울은 쉼을 줍니다. 그 정교한 질서와 조화 속에는 하늘의 정성이 깃들어 있습니다. 하늘이 정성으로 자연을 부리듯 인간은 정성과 성실로 자신의 삶을 움직여야 합니다. 우리는 누구나 정성껏 살아가기만 하면 반드시 잘될 수밖에 없는 능력을 지니고 태어난 존재입니다.

———

하늘의 명을 성(性)이라 하고,
성을 따르는 것을 도(道)라 한다.
天命之謂性 率性之謂道
천명지위성 솔성지위도

《중용》1장

03
홀로 있을 때의 마음이
그의 품격이다

우리 삶은 도로를 달리는 자동차처럼 늘 위험합니다. 찰나의 딴 생각이 큰 사고를 부르듯, 순간의 실수가 지난 세월을 무너트리기도 합니다. 말 한마디, 손끝 하나가 오랜 결혼 생활, 경력, 명성을 하루아침에 무너뜨릴 수 있습니다. 누가 보지 않는다고 듣는 이가 없다고 툭 던진 말과 행동이 비수가 되어 되돌아올 수 있기에 홀로 있을 때 더욱 신중해야 합니다.

군자는 그 홀로 있음을 삼가는 것이다.

君子 愼其獨也

군자 신기독야

《중용》1장

04
흔들리지 않고
조화롭게 사는 법을 따르라

인간은 감정의 존재입니다. 기뻐하고 노여워하며 슬퍼하고 즐거워하며 살아갑니다. 감정은 억누르기가 어렵습니다. 그러니 감정은 자연스럽게 흐르되 절도를 잃지 않게 조절하는 것이 중요합니다. 억제보다 더 큰 지혜는 감정을 조화롭게 표출하는 것입니다. 마음의 고요한 중심(中)을 지키고 감정의 조화(和)를 이루는 삶을 '중화'라고 합니다. 그것이 곧 개인에게는 평안이 되고 가정과 사회에는 화합과 발전의 바탕이 됩니다.

희노애락의 감정이 발하기 전을 '중'이라 하고
발하되 모두 절도에 맞음을 '화'라고 한다.
喜怒哀樂之未發 謂之中 發而皆中節 謂之和
희노애락지미발 위지중 발이개중절 위지화

《중용》 1장

05
마음과 세상을 중화(中和)하는
지혜를 얻으라

즐거움은 분명 좋은 것이지만 즐거움에 절제가 빠지면 결국 해가 됩니다. 과식은 건강을 무너뜨리고 과음은 삶의 균형을 잃게 합니다. 이별과 상실의 슬픔을 억누를 필요는 없지만 그 슬픔이 자신을 삼키게 해서도 안 됩니다. 감정을 감추지 않으면서도 감정에 휘둘리지 않는 것이 바로 마음의 성숙입니다. 인간은 중과 화를 따를 때 가장 자연스럽게 살아갑니다.

중과 화를 지극히 하면 하늘과 땅이 제자리를 잡고
만물이 제대로 자라난다.
致中和 天地位焉 萬物育焉
치중화 천지위언 만물육언

《중용》 1장

06
군자는 중용을 이루고
소인은 중도에 포기한다

중용은 '중'과 '용(庸)'으로 이루어집니다. '중'은 중심, '용'은 쓰다, 늘 행한다는 뜻입니다. 중용이란 언제 어디서나 중심을 지켜 조화로운 길을 찾아가는 적극적인 삶의 태도입니다.

군자는 중용을 이루지만, 소인은 중도에 포기합니다. 리더는 중심을 잡고 상황에 맞게 행동하며 극단을 피하고 마땅한 도리를 따릅니다. 반면 보통 사람은 감정과 욕심에 흔들려 균형을 잃기 쉽습니다. 인생을 끌고 가는 사람은 리더이고, 인생에 끌려가는 사람은 보통 사람입니다. 시대가 변해도 이 원리는 변하지 않습니다.

군자는 중용하고, 소인은 중용을 어긴다.

君子中庸 小人反中庸

군자중용 소인반중용

《중용》 2장

때를 아는 사람이
인생의 리더가 된다

좋은 선생님, 좋은 배우자, 직업 선택과 승진의 순간까지 모든 일에는 적절한 때가 있습니다. 쌀농사에도, 고기잡이에도, 장사에도 때가 있듯 인생 또한 때를 모르면 기회를 놓치게 됩니다.

우리는 스스로에게 물어야 합니다. 남이 정한 시간에 맞추는 삶이 아니라 내 인생에 나의 삶을 맞추고 있는지 물어야 합니다. 지금의 부족함을 인정하고 앞으로 더 깊고 단단한 방향으로 나아가야 합니다. 그것이 바로 자기 인생을 이끄는 삶입니다.

군자는 때에 맞게 하고, 소인은 거리낌이 없다.

君子而時中 小人而無忌憚也

군자이시중 소인이무기탄야

《중용》 2장

욕심과 감정에 치우치지 말고
중심을 잡아라

집중(執中)은 양극단을 살펴 중심을 잡는다는 뜻입니다. 사람들은 자신이 옳다고 믿는 쪽으로 기울기 쉽습니다. 중심을 지켰다고 믿지만, 실제로는 한쪽으로 기운 경우도 많습니다. 삶의 집중역시 끊임없는 조정의 과정입니다. 비행기가 항로를 벗어나도 다시 수정하며 목적지에 이르듯 인생도 중도를 벗어나더라도 다시 중심으로 돌아올 수 있어야 합니다. 벗어났음을 깨닫고 스스로를 바로잡는 힘이 집중입니다.

양단의 의견과 상황을 두루 살펴

그 가운데 알맞은 도리를 찾아 백성에게 행한다.

執其兩端 用其中於民

집기양단 용기중어민

《중용》6장

09
평생을 두고
마음의 중심을 지켜라

중화(中和)는 기쁨 속에서도 절도를 지키고 슬픔 속에서도 자신을 다스리는 마음의 균형입니다. 시중(時中)은 가장 적절한 때를 잡을 줄 아는 지혜입니다. 집중(執中)은 양극단을 두루 살피며 중심을 지켜내는 일입니다. 적중(的中)은 생각에 머물지 않고 그것을 현실의 결과로 이어가려는 실천의 힘입니다.

용(庸)은 꾸준함과 한결같음, 지속을 의미합니다. 이것이 중용입니다.

중용은 지극하도다.

능히 오랫동안 행할 수 있는 사람이 드물구나.

中庸其至矣乎 民鮮能久矣

중용기지의호 민선능구의

《중용》 3장

10
스스로 지혜롭다고 여길 때 지혜는 멀어진다

사람들은 종종 자신을 잘 안다고 믿고, 스스로 지혜롭다고 생각합니다. 하지만 진짜 지혜는 자신이 얼마나 부족한지를 아는 데서 시작됩니다. 스스로 지혜롭다고 믿는 사람은 사실 지혜롭지 않습니다.

지혜로운 사람은 분수를 알고, 자신을 낮추며, 남과 나를 구분할 줄 알고, 옳고 그름을 가릴 줄 압니다. 자신을 과장하지도 않고, 타인을 가볍게 판단하지도 않습니다.

사람들은 모두 자기가 지혜롭다고 말하지만
그물이나 덫, 함정에 몰아넣어도 그것을 피할 줄을 알지 못한다.
人皆曰予知 驅而納諸罟擭陷阱之中 而莫之知辟也
인개왈여지 구이납저고획함정지중 이막지지지피야

《중용》 7장

인간의 본성(性)을 성찰한다는 것

《중용》을 사서의 하나로 만든 송나라 주자는 성즉리(性卽理), "성은 곧 리다"라고 말했습니다. 인간의 본성은 우주의 이치와 같다는 의미입니다. 하지만 인간의 마음은 그렇게 완전하지 않습니다. 기뻤다가 가라앉고, 결심했다가 흔들리고, 사랑하다 상처받고, 버티던 하루 끝에서 조용히 주저앉기도 합니다. 이 흔들리는 마음 위에 '우주의 이치'를 그대로 올려두기엔 우리는 너무 인간적입니다.

사실 《중용》의 저자 자사는 성(誠)을 무엇보다 강조했습니다. 성은 정성과 성실을 말합니다. 성은 하늘의 도이며, 그 성을 따르려는 노력이 인간의 도라고 했습니다. 자사는 인간의 본성을 생각할 때 천지자연을 함께 생각했습니다. 천지자연을 움직이는 힘은 어떤 이론이 있을 수도 있지만 그 배경에는 그 이론보다 더 중요한 '성실함'이라고 생각했습니다. 봄은 어김없이 돌아오고, 낮과 밤은 한치의 어김도 없이 이어지며, 새벽은 새가 열고, 바람은 길을 찾아 스며들고, 강물은 자신이 흘러갈 곳을 잊지 않습니다. 이 성실함, 끝없이 이어지는 정성, 그것이 자사가 말한 성의 본질입니다.

자연의 일부인 인간도 이 성실함 품고 태어납니다. 넘어져도 다시 일어나고, 실패해도 다시 시도하고, 상처받아도 사랑을 포기하지 않는 이유, 인간의 바탕에는 사라지지 않는 정성의 불씨가 있기 때문이라는 것이지요. 그래서 성(性)은 곧 성(誠)입니다. 성즉성(性則誠), 인간의 본성은 '성실'입니다. 완전한 이치를 증명하는 것이 아니라 흔들려도 다시 중심을 찾으려는 마음의 노력, 그 작은 정성이 우리를 앞으로 이끄는 힘입니다.

11
다 안다는 착각이
배움을 멈추게 한다

경험은 귀한 자산이지만 항상 옳지는 않습니다. 경험은 지혜가 되기도 하지만 편견을 굳히기도 합니다. 자신이 지혜롭다고 믿는 순간 배움은 멈춥니다. 정말 지혜롭다면 인생도 그만큼 빛나야 할 텐데 그렇지 못한 경우가 많은 이유도 여기에 있습니다. '지혜롭다'라는 확신이 오히려 자신을 더 작게 만드는 셈입니다. 진짜 지혜는 스스로 지혜롭다고 믿지 않는 데서 시작됩니다.

사람들은 모두 자기가 지혜롭다고 말하지만
중용을 선택하더라도 한 달을 지켜내지 못한다.
人皆曰予知 擇乎中庸 而不能期月守也
인개왈여지 택호중용 이불능기월수야

《중용》 7장

12
세상보다 나를 이기는 일이
더 어렵다

세상을 다스리는 사람도 자기 마음 하나 다스리지 못할 때가 있습니다. 목숨 걸 용기는 있어도 한마디 말을 삼킬 인내가 부족할 때가 있습니다. 흔들림 속에서도 중심을 잃지 않는 중용의 지혜가 필요한 시대입니다.

세상을 이기려는 힘보다 나를 다스리는 힘이 더 귀합니다. 흔들림 속에서도 중심을 잃지 않는 중용이 결국 삶의 지혜입니다.

천하와 국가도 고르게 다스릴 수 있고
벼슬이나 봉록도 사양할 수도 있으며
하얗게 날 선 칼날도 밟을 수도 있지만, 중용은 제대로 해낼 수 없다.
天下國家可均也 爵祿可辭也 白刃可蹈也 中庸不可能也
천하국가가균야 작록가사야 백인가도야 중용불가능야

《중용》 9장

13
중용은 선행을 오래 붙드는 마음에서 시작된다

중용을 실천하기란 쉽지 않습니다. 그것은 가장 알맞은 시기에, 가장 바른 마음으로, 가장 올바른 결과를 향해 나아가는 과정이기 때문입니다. 하지만 어렵다고 피할 길은 아닙니다. 공자의 제자 안회는 지식보다 태도를 말보다 실천을 더 소중히 여긴 사람이었습니다. 거창한 결심이 아니라 작은 행동을 붙드는 마음에서 중용은 시작됩니다.

안회의 사람됨은 중용을 택하여 선한 일을 하나라도 얻게 되면
그것을 가슴속에 간직하여 잃지 않았다.
回之爲人也 擇乎中庸 得一善 則拳拳服膺而弗失之矣
호지위인야 택호중용 득일선 즉권권복응이불실지의

《중용》8장

14
리더의 강함은 너그러움과 부드러움이다

리더의 강함은 거칠게 드러나는 힘이 아니라 상대를 품어 주는 넓음과 상황을 부드럽게 이끄는 온화함에서 나옵니다. 누가 무례하게 행동하더라도 똑같이 되갚지 않고, 한 번 더 이해하고, 한 걸음 더 양보하는 마음이 진짜 힘입니다.

부드러움 속의 단단함, 온유함 속에서 흔들리지 않는 내면, 강하되 거칠지 않고, 부드럽되 흔들리지 않는 것, 그것이 리더의 길이고, 우리가 배워야 할 삶의 힘입니다.

너그러움과 부드러움으로 가르치고
무도함에 보복하지 않는 것이 남방의 강함이다.
군자는 그런 도리로 살아간다.
寬柔以敎 不報無道 南方之强也 君子居之
관모이교 불보무도 남방지강야 군자거지

《중용》 10장

15
용기의 본질은 의지와 용기 그리고 결기이다

진짜 강함은 거친 용맹에서만 나오지 않습니다. 두려움이 있어도 물러서지 않는 마음, 맡은 역할을 끝까지 다하려는 태도 그리고 결과가 어떠하든 책임을 회피하지 않는 자세에서 나옵니다.

진짜 강함은 단순히 힘이 센 사람이 아니라 도리를 알고 그 도리를 삶으로 감당하는 사람입니다. 요란한 말보다 조용한 책임이 더 크고 드러나는 용기보다 묵묵히 버티는 힘입니다.

병기와 갑옷을 입고 전장에 죽더라도
싫어하지 않는 것이 북방의 강함이다.
袵金革 死而不厭 北方之强也
임금혁 사이불염 북방지강야

《중용》10장

16
강한 사람은 어느 쪽으로도 기울지 않는다

옳고 그름을 모르는 바는 아니지만 다른 사람들의 눈치를 보거나 이익에 따라 마음이 흔들릴 때가 있습니다. 궁색해지면 불만이 먼저 올라오고, 정의를 위해 나서야 할 순간에는 한발 물러서기도 합니다. 하지만 진정한 강함이란 정의로운 일에 뜻이 꺾이지 않고 이익 앞에서도 흔들리지 않는 것입니다.

군자는 화합하되 휩쓸리지 않고, 바로 서되 치우치지 않으며,
나라에 도가 있을 때는 궁색해도 변하지 않고,
나라에 도가 없으면 죽음에 이를지언정 변치 않는다.
君子 和而不流 中立而不倚
國有道不變塞焉 國無道至死不變
군자 화이불류 중립이불의
국유도불변색언 국무도지사불변

《중용》 10장

17
자극이 아니라
진정성을 선택하라

상식이나 도리에 어긋나는 방식으로 숨겨진 일을 억지로 캐내서 다른 사람들의 이목을 끌려는 행동과 태도를 지닌 사람들이 있습니다. 왜 굳이 이런 색은행괴의 길을 택할까요? 기이하고 충격적인 것이 사람들의 눈과 귀를 단번에 사로잡기 때문입니다. 누가 더 자극적인가, 누가 더 괴이한 언행을 하는가에 따라 '화제성'이 결정되는 시대입니다. 진지함은 외면당하고, 진정성은 희화화되는 세상에 던지는 공자의 한탄입니다.

숨겨진 것을 찾아내고 기이한 행위를 하여
후세의 칭송을 받는 사람들이 있지만 나는 그런 짓을 하지 않는다.
素隱行怪 後世有述焉 吾弗爲之矣
색은행괴 후세유술언 오불위지의

《중용》 11장

18
멈추지 않고
끝까지 실천하라

공자는 크고 작은 일곱 개의 제후국을 전전하며 14년을 떠돌아다녔습니다. 갖은 조롱과 때로는 죽음의 위협도 겪었습니다. 하지만 물러서지 않았습니다. 세상은 그를 쓰지 않았지만, 그는 세상을 가르쳤습니다. 한 사람이 나라를 바꾸지는 못했지만, 제자들을 통해 세기의 정신을 남겼습니다.

정치적 성공은 거두지 못했지만, 실패자가 아니었습니다. 왜냐하면 그는 중도에 그만두지 않고 끝까지 그 길을 걸었기 때문입니다.

군자가 도를 실천하다가 중도에 그만두는 일이 있지만

나는 결코 그렇게 할 수 없다.

君子遵道而行 半途而廢 吾弗能已矣

군자준도이행 반도이폐 오불능이의

《중용》 11장

19
세상이 알아주지 않아도
후회하지 않는다

중용의 길을 따르는 사람은 남들에게 보이기 위해 행동하지 않고, 명예나 인정이 없다고 해서 마음이 흔들리지 않습니다. 세상에 드러나지 않아도 자신이 걷는 길의 중심을 스스로 알고 묵묵히 걸어갑니다. 사람들의 시선이 아닌, 내면의 원칙이 그를 이끌기 때문입니다. 그런 사람은 조용히 살아도 흐트러지지 않고, 찬사를 받지 못해도 마음이 비지 않습니다.

군자는 중용을 따르므로 세상에 드러나지 않고
숨은 채 살아도 후회하지 않는다.
君子依乎中庸 遯世不見知而不悔
군자의호중용 둔세불견지이불회

《중용》 11장

20
리더의 품성과 능력이 운명을 좌우한다

가끔은 옳다는 것을 알면서도 따르지 않고 편하고 빠른 길을 택할 때가 있습니다. 도덕과 법이 무너진 춘추시대에 공자도 전쟁과 부패에 고통을 받는 백성을 보며 "도가 행해지질 않는구나"라고 탄식했습니다. 그러나 '도'는 거창한 진리가 아니라 사람답게 살아가는 가장 기본적인 길입니다. 정직함, 절제, 배려, 책임 같은 도가 리더의 삶을 만듭니다.

도가 행해지질 않는구나!

道其不行矣夫

도기불행의부

《중용》 5장

삶이 나에게 무엇을 요구하는가

《중용》에 따르면 우리는 태어날 때부터 잘 살도록 설계된 존재입니다. 더 나은 사람, 더 가치 있는 삶을 살아갈 수 있도록 이미 준비된 존재이지요. 우리는 원래부터 잘 살도록 만들어진 사람입니다.

빅터 프랭클의 말입니다.

"삶이 나에게 무엇을 줄 수 있는가를 묻지 말고, 삶이 나에게 무엇을 요구하는가를 물어라."

우리는 오랫동안 '내가 원하는 일', '내가 이루고 싶은 목표'를 좇아왔습니다. 하지만 꿈은 혼자만의 욕망에 머물 때보다 세상의 요구와 연결될 때 훨씬 더 큰 힘을 갖습니다. 우리는 나만을 위해 존재하지 않고 더 큰 의미 속에 놓여 있습니다.

"나만의 욕망을 좇는 삶에서 세상이 나에게 요구하는 삶으로 건너가라."

이 명제에 답하는 순간 우리는 오히려 더 큰 의미를 얻습니다. 받기만 하던 존재가 아니라 무언가를 건넬 수 있는 사람이라는 사실을 깨닫기 때문입니다. 이는 우리를 더 큰 사람으로 변하게 하는 이유가 됩니다. 삶이 나에게 무엇을 줄 수 있는가만 생각한다면 나는 늘 부족한 존재입니다. 하지만 삶이 나에게 무엇을 요구하는지 묻는 순간 나는 더 이상 약한 존재가 아닙니다. 세상에 필요한 사람, 이미 설계된 대로 더 큰 존재로 성장하는 사람이 됩니다.

적어도 받기만 하는 삶에서 벗어나 응답하는 삶, 그 응답 속에서 더 크게 성장하고 익어가는 삶이 되어야 합니다. 그러니 우리는 계속 이렇게 물어야 합니다.

"삶이 나에게 무엇을 요구하는가?"

21
지나침과 모자람을
넘어서야 이루어 낸다

뛰어난 역량의 팀장이 너무 빨리 결론을 밀어붙이면 팀원들이 따라오지 못해 갈등이 생깁니다. 한쪽은 지나치고 다른 쪽은 주춤하니 둘 사이에 오해가 쌓이고 업무는 꼬여만 갑니다.

부모는 너무 앞서서 간섭해 갈등이 생기고 자녀는 뒤에서 밀려 자주 엇갈립니다. 친구 사이에서도 마음을 너무 솔직하게 말해 상처를 주거나 반대로 말하지 않아서 관계가 멀어지기도 합니다. 지나침도 덕이 아니고 모자람도 도가 아닙니다. 도는 그 가운데 있습니다.

지자는 도를 지나쳐 버리고
어리석은 자는 미치지 못하기 때문이다.
知者過之 愚者不及也
지자과지 우자불급야

《중용》 4장

22
도리를 알고
영향력을 발휘하는 일은 다르다

인간이 지켜야 할 도리는 바람과도 같습니다. 늘 우리 곁에 있지만 눈에 잘 보이지 않고 흔들리는 나뭇잎을 통해서야 그 존재를 느끼게 됩니다. 또한 그 자리에 따라 영향력이 달라집니다.

가정을 지키는 가장의 도리는 산들바람처럼 한 집안을 적시고, 기업을 경영하는 사장의 도리는 한 조직을 움직이며, 국가를 이끄는 지도자의 도리는 태풍처럼 한 나라의 운명을 흔들기도 합니다. 본질은 같되 그 영향은 전혀 다릅니다.

군자의 도는 널리 쓰이면서도 숨겨져 있다.

君子之道 費而隱

군자지도 비이은

《중용》 12장

23
진정한 도는 곁에 있는 사람과 조화를 이룬다

도의 핵심은 곁에 있는 사람과 조화를 이루며 살아가는 일입니다. 자사보다 한 세기 뒤의 맹자는 이를 '오륜(五倫)'이라 부르며 부부·부자·형제·붕우·군신의 관계 속에서 도가 구현되고 세상이 유지된다고 보았습니다. 그중에서도 부부 관계는 가장 기초적이며 모든 관계의 출발점입니다. 서로를 아끼는 마음 하나면 철학을 몰라도 함께 살아갈 수 있지만, 현실 속에서 그 마음을 지키기란 쉽지 않아 오히려 중용이 가장 깊이 필요한 관계가 되기도 합니다.

평범한 부부의 못남으로도 가히 도를 행할 수 있다.

夫婦之不肖 可以能行焉

부부지불초 가이능행언

《중용》 12장

24
삶을 움직이는 힘은
가까이에 있다

도란 어려운 철학이 아니라 사람과 사람 사이를 부드럽게 하고 관계를 따뜻하게 만들어 함께 웃으며 살아가게 하는 일종의 엔진 오일과도 같습니다.

만약 도리를 설명하는 이론이 지나치게 복잡해 우리 일상과 동떨어져 있다면 그것은 참된 도가 아닙니다. 그저 이론을 위한 이론이거나 말장난에 불과합니다. 참된 도는 늘 곁에서 우리의 관계를 움직이고 삶을 단단히 지탱하는 보이지 않는 힘입니다.

도가 사람에게서 멀리 있는 것이 아닌데
사람이 도를 행한다고 하면서 사람에게서 멀어진다면 도를 행할 수 없다.
道不遠人 人之爲道而遠人 不可以爲道
도불원인 인지위도이원인 불가이위도

《중용》 13장

25
마음은 있으나
마음을 표현하기가 어렵다

인간의 도리 가운데 네 가지는 부모, 형제, 친구 그리고 직장 동료와의 관계입니다.

자식 부하 아우 벗에게 바라는 마음은 크지만, 정작 부모 상사 형 친구에게 그렇게 대하기는 어렵습니다.

중용의 도가 쉽지 않음은 우리가 부족해서가 아니라 관계란 그만큼 섬세하고 어렵고 그만큼 귀하기 때문일지도 모릅니다.

자식에게 바라는 것으로 부모를 섬기는 일을 잘하지 못하며
신하에게 바라는 것으로 임금을 섬기는 일을 잘하지 못한다.
所求乎子 以事父 未能也 所求乎臣 以事君 未能也
소구호자 이사부 미능야 소구호신 이사군 미능야

《중용》13장

26
내가 맡은 일, 내 곁의 사람에게 최선을 다하라

사람의 도리는 언제나 충서(忠恕)에 있습니다. 충은 나의 마음을 다하는 것입니다. 일에는 온 힘을 다하고 사람에게는 진심을 다하는 마음입니다.

서는 상대의 마음을 나의 마음처럼 여기는 것, 즉 '같은 마음(如心)'입니다. 내가 하고 싶지 않은 것을 남에게도 권하지 않는 것, 서란 바로 그런 마음의 미덕입니다. 이 두 마음이 만나면 도(道)는 저절로 이루어집니다.

내 마음을 다하는 충과 남을 이해하고 배려하는 서는 도에서 멀지 않으니 나에게 행해지기를 원하지 않는 일은 역시 남에게도 행하지 말아야 한다.

忠恕違道不遠 施諸己而不願 亦勿施於人

충서위도불원 시제기이불원 역물시어인

《중용》13장

27
말하기 전에, 행동하기 전에 돌아보라

언제나 덕을 실천하는 마음을 지니고, 말을 조심하는 태도를 잃지 않아야 합니다. 행실에 부족함이 보이면 더욱 노력해야 합니다. 할 말이 남아 있어도 모두 말하지 않고 절제할 필요가 있습니다. 말하기 전에 자신의 행동을 돌아보고, 행동하기 전에 자신의 말을 되돌아보아야 합니다. 말과 행동이 서로를 비추면 도리는 자연스럽게 가까워집니다. 도는 지금 이 자리에 있습니다. 말과 행동을 삼가고 바로 세우는 순간 우리는 이미 도의 한가운데 서게 됩니다.

말할 때는 행실을 되돌아보고
행동할 때는 말을 되돌아보아야 한다.
言顧行 行顧言
언고행 행고언

《중용》 13장

28

흔들리지 않고
온전히 나로서 살아간다

자리가 사람을 흔들 수는 있어도 바른 도리를 지키는 사람은 오히려 자리에서 변화를 만들어 냅니다. 그래서 리더는 부귀해도 교만하지 않고, 가난해도 주눅 들지 않으며, 낯선 곳에서도 나를 잃지 않습니다. 지위가 높으면 그 자리에 맞는 도리를 행하고, 가난해도 그 처지의 도리를 다하며, 낯선 땅에서도 그곳의 도리를 다하고, 환난 속에서는 그 환난의 도리를 행합니다. 그래서 리더는 어떤 상황에서도 흔들리지 않고 결국 자신을 온전히 얻는 삶을 살아갑니다.

군자는 그 처해 있는 지위에 따라 도리를 행하고
그 밖의 것은 바라지 않는다.
君子 素其位而行 不願乎其外
군자 소기위이행 불원호기외

《중용》 14장

29
리더는 어떤 자리에서도
자신을 지켜 낸다

사람은 대개 높은 자리에 오르면 오만해지기 쉽고, 낮은 자리에 있으면 비굴해지기 쉽습니다. 하지만 리더는 위에 있으면서 아랫사람을 업신여기지 않으며, 아래에 있어도 윗사람에게 아부하며 매달리지 않습니다. 자신을 바르게 세우고 남에게 기대지 않기에 남을 탓할 일도, 하늘을 원망할 일도 없습니다. 그래서 리더는 편안히 자신의 자리를 지키며 천명을 따르고, 보통 사람은 위험한 행동을 하며 요행을 바라게 됩니다.

위에 있으면서 아랫사람을 업신여기지 않고,

아래에 있으면서 윗사람에게 아부하여 매달리지 않는다.

在上位 不陵下 在下位 不援上

재상위 불능하 재하위 불원상

《중용》14장

30
화살이 빗나갔다면
마음을 바로 세울 때다

활이 과녁을 빗나갔다면 활 쏘는 자세를 먼저 고쳐야 하듯 삶이 내가 원하는 방향과 어긋났다면 가장 먼저 바로잡아야 할 것은 '나 자신'입니다. 이것이 인생에 필요한 성찰의 태도이며 성숙한 사람이 걸어야 할 길입니다. 옛사람들은 활쏘기를 리더의 자세에 비유했습니다. 화살이 정곡을 맞추지 못하면 리더는 남을 탓하지 않고 반드시 스스로를 돌아보아 그 원인을 자신에게서 찾습니다. 성장은 언제나 바깥이 아니라 나를 바로 보는 순간부터 시작되기 때문입니다.

활쏘기는 군자의 자세와 유사한 점이 있으니
활을 쏘아 정곡을 맞추지 못하면
자신을 돌이켜 자신에게서 그 원인을 찾는다.
射有似乎君子 失諸正鵠 反求諸其身
사유사호군자 실제정곡 반구제기신

《중용》 14장

누구나 더 나은 삶을 만들 수 있다

800여 년 전 송나라 주자가 성리학이라는 거대한 철학 체계를 세우면서 중용은 자연스럽게 추상적이고 사변적인 세계가 되었습니다. 2,400년 전 자사가 남긴 《중용》을 읽어 보면, 주자의 성리학을 깊이 알지 못해도 이해할 수 있는 부분들이 생각보다 많습니다. 물론 주자의 해석은 당시의 지적 요구와 시대적 필요가 담긴 훌륭한 해석이었지만 그 해석을 절대 기준으로 삼는 순간 《중용》은 많은 사람에게 '어렵고 먼 책'이 되고 맙니다.

《논어》는 하나지만 시대마다 해석이 달랐듯 《중용》도 마찬가지입니다. 율곡이 논어를 다르게 읽었고, 다산이 또 다르게 읽었듯 《중용》 역시 시대의 문제의식에 따라 새롭게 읽혀야 합니다. 성리학이 국가사상의 중심이던 시대에는 성리학적 해석이 의미 있었지만, 성리학이 더 이상 우리의 삶을 지배하지 않는 지금, 《중용》을 예전 그대로 해석할 이유는 거의 없습니다.

사실 《중용》이 어렵게 느껴졌던 이유는 《중용》이 원래부터 어려운 책이어서가 아니라 지금의 상황에 맞지 않는 방식으로 설명되었기 때문입니다. 사람들이 《중용》을 읽는 이유는 단순합니다. '어떻게 잘 살 것인가, 어떻게 바르게 성장할 것인가'를 알고 싶기 때문입니다.

자사는 이렇게 말했습니다.

"긍정적인 마음과 올바른 태도로 성실하게 살아가면 누구나 더 나은 삶을 만들 수 있다."

《중용》은 난해한 철학서가 아니라 지극히 현실적인 책입니다. 《중용》은 어렵지 않습니다. 다만 지금의 언어로 다시 읽어야 할 뿐입니다.

31
리더는 먼 곳이 아니라
가까운 곳부터 살핀다

누구의 인생길이든 발밑의 한 걸음에서 시작됩니다. 높은 곳을 바라더라도 처음부터 정상을 올려다보지 않습니다. 가장 낮은 언덕에 발을 디딜 때 비로소 오름의 길이 열리기 때문입니다. 큰 성취 역시 거창한 계획보다 작은 성실, 작은 정성에서 움틉니다. 보고서 한 줄의 정직함, 메일 한 통의 세심함, 회의에서 책임 있게 내는 한마디가 조용히 쌓여 큰 신뢰를 만듭니다. 조직은 화려한 말보다 매일 지켜낸 작은 행동을 오래 기억합니다.

먼 곳을 가려면 반드시 가까운 곳으로부터 시작하고
높은 곳에 오르려면 반드시 낮은 곳으로부터 시작한다.
行遠必自邇 登高必自卑
행원필자이 등고필자비

《중용》 15장

32

모든 리더십은
나를 닦는 일에서 출발한다

정치는 훌륭한 신하를 얻는 데 달려 있습니다. 그런 신하를 얻으려면 군주가 먼저 자신을 닦아야 하고, 자신을 닦기 위해서는 도를 세워야 하며, 그 도의 근본은 '인(仁)'에 있습니다. 훌륭한 직원을 얻고 싶다면 리더가 먼저 자신을 단단히 해야 합니다. 자신을 다듬는 힘 역시 도에서 오고, 그 도는 결국 사람을 향한 마음, 인에서 시작됩니다. 개인의 역량도 자신을 먼저 세워야 하고, 그 출발점은 언제나 바르고 선한 마음에 있습니다.

훌륭한 신하를 얻기 위해서는 군주는 자신을 닦아야 하고
자신을 닦기 위해서는 도를 닦아야 하고
도를 닦기 위해서는 인해야 하는 것이다.
取人以身 修身以道 修道以仁
취인이신 수신이도 수도이인

《중용》 20장

33
자신과 하늘의 이치를
알라

'인'은 두 사람 사이에서 드러나는 마음입니다. 그 두 사람 중에서도 부모와 자식의 관계가 가장 깊고 소중하니, 친족을 사랑하는 일이 '인의 첫걸음'이 됩니다.

'의'는 합당함, 즉 옳음을 따르는 마음입니다. 옳고 그름을 바르게 배우려면 현명한 사람을 공경하고 따르는 일이 먼저입니다. 자신을 닦으려면 이러한 하늘의 이치를 알아야 합니다.

인은 사람(人)으로 친족을 친애하는 것이 가장 중요하다.

의는 합당(宜)하다는 뜻으로 현자를 존경하는 것이 가장 중요하다.

仁者人也 親親爲大 義者宜也 尊賢爲大

인자인야 친친위대 의자의야 존현위대

《중용》 20장

34
관계의 깊이에서
삶의 품격이 완성된다

우리는 홀로 존재할 수 없고, 홀로 빛날 수도 없는 존재입니다.

'인간(人間)'이라는 글자 안에 이미 답이 담겨 있습니다. 사람은 '사람 사이'에서야 비로소 온전해진다는 뜻이지요.

우리의 하루는 부모와 형제자매, 부부와 친구 그리고 직장 동료들과의 관계만으로도 대부분이 채워집니다. 관계가 건강하면 삶은 평안하고 풍요로워지지만, 관계가 흔들리는 순간 마음은 아무리 많은 것을 가져도 텅 빕니다.

군신(君臣)과 부자(父子)와 부부(夫婦)와 형제(兄弟)와 붕우(朋友)의 사귐, 이 다섯 가지는 천하 공통의 도리다.

君臣也 父子也 夫婦也 昆弟也 朋友之交也 五者 天下之達道也

군신야 부자야 부부야 곤제야 붕우지교야 오자 천하지달도야

《중용》 20장

35
지혜, 어짊, 용기는
사람다운 길로 인도한다

인간관계는 언제나 따뜻하고 평화롭지만은 않습니다. 가까운 가족끼리도 오해가 생기고, 직장에서는 크고 작은 갈등이 이어집니다. 그래서 지혜와 어짊과 용기가 필요합니다. 지(知)는 옳고 그름을 분별하고 더 큰 길을 보는 맑은 판단이며, 인(仁)은 타인의 기쁨과 슬픔을 내 마음처럼 느끼는 따뜻한 품성입니다. 용(勇)은 옳다고 믿는 길을 두려움에 흔들리지 않고 끝까지 걸어가는 결기입니다.

지혜로 방향을 세우고, 어짊이 그 길을 부드럽게 채우며, 용기가 그 길을 끝까지 지켜냅니다.

지, 인, 용, 세 가지가 천하 공통의 덕인 달덕이다.

知仁勇三者 天下之達德也

지인용삼자 천하지달도야

《중용》 20장

36
리더십은
세 가지 마음에서 시작된다

'배움'은 자신을 넓히는 힘입니다. 배움이 멈춘 순간 사람은 어제의 경험만으로 오늘을 판단하고 내일을 제한합니다.

'실천'은 배움을 현실로 옮기는 용기입니다. 실제로 해 보고 움직이고 부딪히는 과정에서만 이해는 깊어지고 습관은 몸에 새겨집니다.

'부끄러움을 아는 마음'은 나를 겸손하게 하는 내적 기준입니다. 여기서 말하는 부끄러움은 자책이나 위축이 아니라, 내가 더 나아질 수 있음을 아는 성찰의 감각입니다.

배우기를 좋아하면 지에 가깝고,

힘써 행하면 인에 가깝고, 부끄러움을 알면 용에 가깝다.

好學近乎知 力行近乎仁 知恥近乎勇

호학근호지 역행근호인 지치근호용

《중용》 20장

37
준비되어 있다면
막힘이 없다

겉으로 보기에 침착하고 빈틈없는 사람도 사실은 보이지 않는 곳에서 오래 준비해 온 사람입니다. 위기의 순간에 허둥대지 않고, 중요한 자리에 흔들리지 않고, 실수 없이 일을 완수하는 능력은 타고난 성향이 아니라 평소의 준비 습관에서 비롯됩니다.

일을 준비하는 사람은 위기에 강합니다. 일의 방향, 일정, 위험을 미리 점검해 두면 예상치 못한 변수에도 쉽게 무너지지 않습니다.

준비는 '미리 하는 수고'처럼 보이지만 사실은 미래를 위한 가장 큰 절약입니다.

모든 일은 미리 준비되어 있으면 이루어지고
미리 준비되어 있지 않으면 제대로 되지 않는다.
凡事 豫則立 不豫則廢
범사 예즉립 불예즉폐

《중용》 20장

38
화려한 언변보다
신뢰가 리더를 만든다

사람을 이끌기 위한 가장 중요한 자질은 재능이나 말솜씨가 아니라 신뢰입니다. 신뢰는 멀리서 오지 않고 가장 가까운 관계에서부터 쌓입니다. 그래서 좋은 리더는 밖보다 안을, 조직보다 가정을, 가정보다 먼저 자기 자신을 바르게 세웁니다.

아랫자리에 있으면서 윗사람에게 신임을 얻지 못하면
백성을 다스릴 기회를 얻지 못한다.
윗사람에게 신임을 얻는 데에는 방법이 있으니
벗에게 신뢰를 받지 못하면 윗사람에게 신임을 얻지 못한다.
在下位 不獲乎上 民不可得而治矣
獲乎上 有道 不信乎朋友 不獲乎上矣
재하위 불획호상 민불가득이치의
획호상 유도 불신호붕우 불획호상의

《중용》 20장

39
성실하게 자신의 삶을 세워야 한다

하늘은 단 한 번도 약속을 어기지 않았습니다. 밤이 가면 반드시 아침이 찾아오고, 봄이 가면 어김없이 또 여름이 찾아옵니다. 나무는 때가 되면 잎을 틔우고, 바람은 계절의 결을 따라 움직입니다. 이 흔들림 없는 질서와 흐름 속에서 우리는 하늘이 얼마나 성실한지를 깨닫게 됩니다. 그 성실한 일관성이 바로 자연의 법칙입니다. 하늘이 성실함으로 세상을 지탱하듯, 사람도 성실함으로 자신의 삶을 세워 가야 합니다.

성실은 하늘의 도고, 성실하려고 하는 것은 사람의 도다.

誠者天之道也 誠之者人之道也

성자천지도야 성지자인지도야

《중용》 20장

40
하늘을 닮은 마음으로 살아가라

사람은 본래 천지자연처럼 성실함을 지닌 존재입니다. 이를 자각하고 마음 깊은 곳에서 성실함을 꺼낼 때, 우리 삶은 전혀 다른 방향으로 열립니다. 성실은 어디선가 빌려오는 마음이 아니라 원래 내 안에서 자연스레 흘러나오는 힘입니다. 목표를 이루기 위해 한 번 더 널리 배우고, 자세히 묻고, 신중히 생각하고, 명확히 분별하고, 더 실천해야 합니다. 그것이 본래의 성실을 다시 깨우는 방법입니다.

성실하게 하려면 널리 배우고, 자세히 묻고, 신중히 생각하고,
명확하게 분별하고, 독실히 행해야 한다.
誠之者 博學之 審問之 愼思之 明辨之 篤行之
성지자 박학지 심문지 신사지 명변지 독행지

《중용》 20장

삶은 정성을 잃지 않는 태도에서 비롯된다

《중용》이 말하는 '잘 사는 삶'은 의외로 단순합니다. 중용의 핵심은 성(性), 도(道), 중(中), 성(誠) 네 글자로 요약됩니다.

하늘이 부여한 본성에 따라 성실한 길을 걷고, 감정과 행동의 균형을 유지하며, 한결같은 정성으로 삶을 이어가는 것, 이것이 중용이 제시하는 삶의 큰 뼈대입니다.

일상의 언어로 쉽게 말하면 이렇습니다. 인간은 태어날 때 이미 잘 살 수 있는 능력을 갖추어 태어났습니다. 하지만 인간은 감정의 동물입니다. 화가 날 때도 있고, 흔들릴 때도 있고, 기쁨이 넘칠 때도 있습니다. 《중용》은 그 감정을 억누르라고 말하지 않습니다. 다만 상황에 맞게 표현하고, 균형을 잃지 않는 지혜를 강조합니다.

삶의 중요한 순간에는 때를 정확히 잡고, 집중을 놓치지 않으며, 목표를 분명히 겨냥하는 등 최적의 태도가 필요합니다. 이 세 가지가 갖춰질 때 우리의 삶은 흔들림 없이 앞으로 나갈 수 있습니다.

《중용》이 우리에게 말하는 바는 화려한 성공을 위한 비법이 아니라 자신의 마음을 바로 세우고, 때를 알고, 정성을 잃지 않는 태도입니다.

이를 꾸준히 실천하면 삶은 저절로 제자리를 찾고, 우리는 자연스럽게 더 나은 길로 나아가게 됩니다.

41
멈추지 않고 끝까지 파고들 때
실력은 쌓인다

배우기로 마음먹었다면 능숙해질 때까지 멈추지 않아야 합니다. 묻기로 마음먹었다면 알아낼 때까지 포기하지 않아야 합니다. 생각했다면 깨달음에 닿을 때까지 이어 가야 합니다.

분별하기 시작했다면 분명해질 때까지 멈추지 않아야 합니다. 행하면 완성될 때까지 멈추지 말아야 합니다. 무언가를 배우는 과정에서 가장 큰 차이를 만드는 것은 타고난 재능이 아니라 끝까지 파고드는 힘입니다.

배우지 않으면 몰라도 배울 바엔
능숙해지지 않고는 그만두지 않아야 한다.
有弗學 學之 弗能 弗措也
유불학 학지 불능 불조야

《중용》 20장

42

남이 한 번 할 때,
백 번이라도 해서 익혀라

어떤 일이든 끝까지 해내는 것은 재능보다 반복이 결정합니다.
천리마라 해도 한 번 뛰어 열 걸음을 갈 수 없고, 둔한 말이라도 열
번을 꾸준히 달리면 천리마를 따라잡을 수 있습니다.
성과는 타고난 능력보다 포기하지 않는 반복과 성실에서 만들어
집니다. 남이 한 번에 능숙하게 하면 나는 백 번이라도 하고, 남이
열 번에 능숙하게 하면 나는 천 번이라도 해서 능숙해지도록 해야
합니다.

남이 한 번에 능숙하게 하면 나는 백 번이라도 하고
남이 열 번에 능숙하게 하면 나는 천 번이라도 해서 능숙하도록 해야 한다.
人一能之 己百之 人十能之 己千之
인일능지 기백지 인십능지 기천지

《중용》 20장

43
배우기만 한다면
결국 도착하는 곳은 같다

사람마다 사람의 도리를 깨닫는 속도가 다릅니다. 어떤 사람은 배움을 통해 알아갑니다. 책을 읽고, 스승을 만나고, 누군가의 충고를 통해 비로소 인간의 도리를 배워 갑니다. 또 어떤 사람은 삶의 고통 속에서 뒤늦게 배웁니다.

빠르게 깨달았든, 배워서 알았든, 힘겨운 과정 끝에 알았든, 결국 안다는 것은 다 한 가지입니다. 늦거나 빠른 것은 그렇게 큰 문제가 아닙니다.

사람의 도리를 어떤 사람은 태어나면서 알고,

어떤 사람은 배워서 알고, 어떤 사람은 곤란함을 겪은 뒤에야 알지만,

알고 난 뒤에는 똑같은 것이다.

或生而知之 或學而知之 或困而知之 及其知之一也

혹생이지지 혹학이지지 혹곤이지지 급기지지일야

《중용》 20장

44
성실한 사람만이
자신의 본성을 펼친다

우리는 가끔 자신을 작고 보잘것없는 존재라 여기곤 합니다. 그러나 성실은 나를 먼저 바꾸고, 가족을 바꾸고, 마을과 공동체를 바꾸며, 더 나아가 나라와 세상까지 변화시킵니다.

자신의 본성을 다할 수 있으면 다른 사람의 본성도 온전히 펼 수 있고, 다른 사람의 본성을 다하게 할 수 있으면 만물의 본성 또한 드러나게 합니다.

오직 천하에 지극히 성실만이 그 본성을 다 할 수 있다.

자신의 본성을 모두 실현할 수 있으면

다른 사람의 본성을 모두 실현할 수 있다.

惟天下至誠 爲能盡其性 能盡其性 則能盡人之性

유천하지성 위능진기성 능진기성 즉능진인지성

《중용》 22장

45
성실하면 나도 세상도
밝아진다

우리는 자연의 일부로 하늘의 선함과 하늘의 성실함을 천명으로
하여 태어났기에 성실하게 살면 밝아집니다. 성실하면 성실할수
록 더 밝은 문명을 이루는 문화인이 됩니다.

천지자연이 수천 년 동안 흐트러짐 없이 운행되는 이유가 정성에
있듯, 정성스러운 마음으로 매일의 행동을 성실하게 이어갈 때
우리는 자신을 완성할 수 있습니다.

성실함으로부터 밝아짐을 본성이라 하고
밝음으로 말미암아 성실하게 됨을 교라 한다.
성실하면 밝고, 밝으면 성실해진다.
自誠明謂之性 自明誠謂之敎 誠則明矣 明則誠矣
자성명위지성 자명성위지교 성즉명의 명즉성의

《중용》 21장

46
지극정성은
보이지 않는 신이다

어떤 일이든 지극정성으로 노력하면 신기하게도 그 일과 관련된 미래를 예측하게 합니다. 점쟁이나 예언자는 아니지만 성실하고 정성스러운 사람은 앞날을 읽는 눈을 갖게 됩니다. 지극정성은 오지 않은 미래를 마치 귀신처럼 알게 합니다.

지성(至誠)이면 감천(感天)이고, 지성이면 여신(如神)이라 했습니다. 정성스러운 마음으로 성실하게 노력하면 그 힘이 신과 같아진다는 말입니다.

정성의 도가 지극하면 닥쳐올 일을 미리 알 수 있다.

至誠之道 可以前知

지성지도 가이전지

《중용》 24장

47
성실은 느려도
반드시 꽃을 피운다

거짓은 잠시 빛날 뿐 오래가지 못하지만, 성실함은 느리고 답답해 보여도 반드시 꽃을 피웁니다. 살아갈수록 노력 없이 얻은 성과는 금세 사라지고, 진실하지 않은 관계는 오래갈 수 없음을 깨닫게 됩니다.

성실은 시작이자 끝이며, 성실이 없다면 어떤 일도 제대로 존재할 수 없습니다. 그러므로 '성실해지려는 마음' 자체를 무엇보다 귀하게 여겨야 합니다.

성실은 사물의 시작이자 끝이니
성실하지 않으면 사물도 있을 수 없다.
誠者物之終始 不誠無物
성자물지종시 불성무물

《중용》 25장

48
작은 흙이 모여
넓은 대지가 된다

지극한 성실함은 멈추지 않습니다. 멈추지 않으면 그 힘이 오래 쌓이고, 오래 쌓이면 드러나지 않던 징조가 모습을 보입니다. 그 징조가 드러나면 영향은 멀리 퍼져 나가고, 멀리 퍼진 성실은 넓고 두터워지며, 마침내 높고 밝은 경지에 이르게 됩니다.

작은 흙이 모여 넓은 대지가 되고, 한 국자의 물이 모여 강과 바다가 되듯 지극한 성실은 끝내 모든 것을 만들어 갑니다.

지극한 성실함은 쉼이 없으니 오래가고, 오래가니 효험이 있다.
밖으로 효험이 있으니 길고 멀리 퍼져 가고, 넓고 두터워진다.
至誠無息 不息則久 久則徵 徵則悠遠 悠遠則博厚 博厚則高明
지성무식 불식즉구 구즉징 징즉유원 유원즉박후 박후즉고명

《중용》 26장

49
정성과 성실은 한결같이 기적을 만든다

한결같이 영원토록 만물을 만들어 내는 자연의 이치는 바로 '정성'에 있습니다. 인간도 지난 수십만 년 동안 정성과 성실이라는 본성을 잃지 않았고, 그를 바탕으로 발전해 왔습니다.

일에 정성과 성실을 다하면 익숙하지 않던 일도 즐거움으로 변하고, 사람에게 정성을 다하면 그 관계는 믿음과 사랑으로 이어집니다. 그러니 일에는 성실이 필요하고, 사람에는 정성이 필요합니다. 정성과 성실은 또 하나의 기적 같은 몰입이기 때문입니다.

천지의 도는 한마디 말로 다 표현할 수 있으니
천지는 한결같고 변함이 없고
만물을 생성하는 것이 오묘하여 헤아리기 어렵다.
天地之道可一言而盡也 其爲物不貳 則其生物不測
천지지도가일언이진야 기위물불이 즉기생물불측

《중용》 25장

50
지극한 성실이
천하를 움직인다

오직 지극한 성실을 지닌 사람만이 천하를 움직이는 큰 이치를 바르게 세우고, 세상의 모든 근본을 굳건히 지키며, 하늘과 땅의 조화와 생명의 이치를 온전히 이해할 수 있습니다.

그런 사람에게는 기대거나 의지할 대상이 필요하지 않습니다. 자사의 존숭을 받던 공자가 그런 사람이었습니다. 그의 인은 지극히 두텁고, 그 깊이는 헤아릴 수 없으며, 마음은 하늘처럼 넓고 거대했습니다.

오직 천하의 지극히 성실한 분이라야 천하의 큰 원칙을 경륜할 수 있고, 천하의 큰 근본을 세우며, 천지의 화육을 알 수 있다.

唯天下至誠 爲能經綸天下之大經 立天下之大本 知天地之化育

유천하지성 위능경륜천하지대경 입천하지대본 지천지지화육

《중용》 32장

사람이 인간으로 완성되는 과정

'사람'과 '인간'은 비슷한 말이기는 하지만 사람은 개인으로서의 존재를, 인간은 사람과 사람 사이의 관계 속에서 드러나는 존재를 말합니다. 인간은 혼자 살아가기가 어렵습니다. 모여 살아야 안전해지고, 쉽게 먹을 수 있고, 쉽게 배울 수 있기 때문입니다.

인간의 삶이 관계로 완성된다는 사실을 깊이 사유한 책 중의 하나가 바로 《논어》와 《중용》입니다. 논어는 '인'과 '서'라는 축으로 사람이 서로를 어떻게 대해야 하는지를 말합니다. 사람을 사랑하는 마음, 사람을 용서하는 마음, 그 마음 하나로 관계의 많은 문제가 풀릴 수 있다고 보았습니다.

반면 《중용》은 인간을 조금 더 근원적인 자리에서 바라봅니다. 하늘이 부여한 본래의 선하고 성실한 마음을 바탕으로, 감정과 행동을 균형 있게 조절하는 지혜와 성실과 정성의 한결같은 힘으로 풀어가는 인생길을 제시합니다.

결국 《논어》와 《중용》은 모두 사람이 인간으로 완성되는 과정, 관계 속에서 더 나은 존재가 되는 길을 알려 주는 고전입니다. 관계를 잃으면 사람은 힘들어지고 관계가 바로 서면 인간은 단단해집니다. 《논어》 와 《중용》은 지금 우리에게도 필요한 그 오래된 지혜 말하고 있습니다.

지은이
공자 孔子

공자는 춘추시대 노나라 출신으로, 성은 공(孔), 이름은 구(丘), 자는 중니(仲尼)였다. 《사기》에 따르면 그는 노나라 창평향 추읍에서 태어났으며 몰락한 귀족 집안에서 성장했다. 어려서부터 예악(禮樂)에 관심이 많았고, 예를 통해 사회 질서를 바로잡고자 하는 정치적 이상을 품고 있었다.

공자는 약 30세 무렵부터 본격적으로 제자를 가르쳤으며, 신분과 출신에 상관없이 교육 기회를 열어 준 최초의 사상가로 전해진다. 제자는 3,000여 명, 그중 뛰어난 인물이 72명이라는 기록이 있다. 그의 교육 내용은 시·서·예·악 등 고전 학문을 바탕으로 인(仁)·예(禮) 중심의 인격 수양이었다. 정치적으로는 노나라에서 중도재, 사구를 거쳐 대사구(법무부 장관), 재상의 역할을 겸직하는 관직에까지 올랐으나, 내부 정치적 갈등으로 인해 개혁이 지속되지 못했다. 그는 55세 전후부터 14년 동안 여러 나라를 떠돌며 자신의 정치 이상을 피력했다. 그러나 그의 정치 이상은 받아들여지지 않았다. 68세에 노나라로 돌아온 뒤에는 정치 활동을 접고 제자를 가르치며 학문 정리에 힘썼다.

《춘추》 편찬자가 공자로 알려져 있으며, 《논어》는 제자들이 남긴 공자의 언행록이다. 공자는 73세에 세상을 떠났고, 사후에 제자들을 중심으로 유가 학파가 형성되었으며, 한대 이후 국가적 사상으로 채택되며 동아시아 전체에 큰 영향을 미쳤다. 공자는 큰 정치적 성공보다 교육과 사상의 전수로 후대에 결정적 영향을 남긴 인물이었다.

자사 子思

자사는 공자의 손자이자 이름은 공급(孔伋)이며, 노나라에서 태어났다. 아버지 공리와 할아버지 공자가 일찍 세상을 떠난 뒤 실제 학문은 공자의 제자인 증자에게서 이어받았다. 그는 전국시대 초기에 유학이 흐트러지지 않도록 학문적 중심을 잡아 준 인물로 평가된다.

공자, 증자, 자사, 맹자로 연결되는 유학의 정통 계보를 이루었다. 이는 중국과 조선 성리학에서 모두 도통(道統)의 핵심으로 인정받았고, 유학의 뿌리를 유지하는 데 큰 역할을 했다.

《중용》의 저자로 알려진 자사는 인간의 본성과 마음, 수양의 원리를 철학적으로 정리하였다. 《중용》의 '중(中)'과 '화(和)', '성(誠)'의 개념은 공자의 도를 한층 깊은 차원에서 체계화한 것으로, 후대 성리학의 형이상학적 토대가 되었다. 자사는 정치적 활동보다 교육과 학문 보존에 주력했으며, 《사기》에서도 공문의 정통을 이은 중요한 학자로 기록되었다. 자사는 공자의 혈통 이상의 의미를 가진 인물로, 유학의 정신을 다음 세대로 이어 주고 철학적 토대를 마련한 핵심 계승자이다.

편역

공도(孔道) 최종엽

카이로스경영연구소 대표. 경기도 안성 공도에서 태어나 이 지명을 따서 호로 쓰고 있다. 고전을 현대적으로 풀어내는 베스트셀러 작가이자 인문학 명강사다. 2016년 전국강사경연대회 금상을 수상하고, 대한민국 명강사(209호)로 선정됐다. MBC, JTBC, KBS 등 주요 방송에 출연하였으며, 연간 100회 이상의 인문학 강연을 통해 대중과 소통하고 있다.

광운대학교 전자공학과를 졸업하고, 한양대학교에서 인재개발교육 석사학위와 평생학습 박사과정을 수료했다. 삼성전자㈜에서 반도체 엔지니어, 인사과장, PA 부장 등으로 20년간 재직했다. 딸의 투병을 돕기 위해 명예퇴직한 후 HR 컨설팅 기업 잡솔루션코리아를 15년간 경영했으며, 이후 집필과 강연에 전념하고 있다.

대표 저서로 25만 독자의 사랑을 받은 《오십에 읽는 논어》를 비롯하여 《오십에 읽는 중용》, 《오십에 읽는 순자》, 《마흔과 오십 사이》, 《10대를 위한 1일 1페이지 논어 50》, 《공자의 말》, 《원려, 멀리 내다보는 삶》, 《논어 직장인의 미래를 논하다》, 《밥줄을 놓치면 꿈줄도 놓친다》, 《블루타임》 등 20여 권이 있다.

문의: jskgroup@naver.com

논어×중용 필사책

ⓒ 2025 최종엽

인쇄일 2025년 12월 16일
발행일 2025년 12월 23일

지은이 공자, 자사
편역 최종엽
펴낸이 유경민 노종한
펴낸곳 유노북스
기획마케팅 1팀 우현권 이상운 **2팀** 최예은 전예원 김민선
디자인 남다희 허정수
기획관리 차은영
등록번호 제2015-000010호
주소 서울시 마포구 동교로17안길 51, 유노빌딩 3~5층
전화 02-323-7763 **팩스** 02-323-7764 **이메일** info@uknowbooks.com

ISBN 979-11-7183-152-4 (03140)